消防のリーダーシップ・部下指導

高見尚武 著

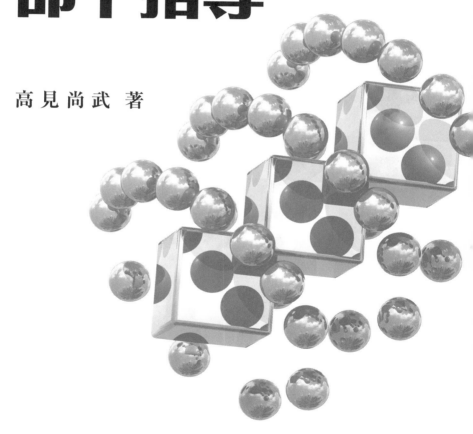

東京法令出版

改訂に際して

　本書は平成14年に初版を出してから6年が過ぎました。この間に様々な大災害、事故、事件、不祥事等が起こりました。国民のモラルの低下もさることながら、行政、政治、企業等を問わず指導的立場にある人のリーダーとしてのあり方、リーダーシップの発揮の仕方に多くの問題が指摘されました。今回の改訂は、この点を重視し内容の充実を図りました。

　改訂の主な点は……
①　本書を第一編「リーダーシップ」、第二編「部下指導」に区分した。
②　リーダー、リーダーシップの基本的な考え方、理論について、分かりやすく説明した。

　なお、「部下指導」については、一部、削除、補正にとどめました。
　消防幹部にとって「リーダーシップ」の問題は極めて重要です。消防長、署長等、管理者になって、はじめて「リーダーシップ」の重要性を認識し学ぶようでは遅すぎます。初級幹部の時代から「リーダーシップ」のあり方を学び、理解を深め人間形成に努める必要があります。

　今回の改訂では、東京法令出版㈱企画開発部笠松則男さんをはじめ、関係者の方々に、多大なるアドバイスやご支援をいただきました。この場をお借りして心から深甚なるお礼と感謝を申し上げます。
　　平成20年　初秋

　　　　　　　　　　　　　　　　　　　　　　　　筆者しるす

まえがき

　消防の仕事は、組織目的を達成するために、典型的な軍隊組織（階級制度）を取り入れており、他の一般行政には見られない多くの特質があります。

　とりわけ「強いリーダーシップ」を発揮することは、消防の団体的精神、協調性、円滑な人間関係を通じて組織力を高め、職場の士気高揚を図るうえで極めて重要です。

　しかし、具体的に「リーダーシップとは何か？」「自らリーダーシップを高めるには、どう努力したらよいのか？」となると、必ずしも体系的な教育が行われているとは言い難く、消防の特質を踏まえた具体的で分かりやすいリーダーシップの教本は少ないように思われます。

　このため、消防大学校や消防学校で「リーダーシップ」の授業を担当した経験等をもとに、簡潔で分かりやすい消防のリーダーシップの本を著したいと考えました。

　リーダーシップ論の専門家やこの道の有能な先輩諸氏が多数おられるなかで、あえて本にすることに、いささか躊躇しないわけではありませんでしたが、現状を考え、本書の評価は読者の方々にお任せすることにして、あえて上梓することにしました。

　参考となるリーダーシップに関する経営理論の紹介、自己啓発の手法、事例研究等を通じてリーダーとしての在り方、判断力、意思決定に少しでも役立つように心掛けました。

　本書が初級・中級幹部をはじめ消防団や自衛消防訓練指導、市民防災教育訓練等の指導にあたる消防職員、昇任試験を目指す方々に参考になれば

幸いです。

　本書は、あくまでも私自身の考えや判断に基づいてまとめた関係で、記述の内容や考え方に異論もあろうかと思われます。この点、忌憚のないご批判、ご叱正を賜れば、これに過ぐる喜びはありません。

　終わりに本書の出版に際し、貴重なアドバイスをいただいた東京法令出版の笠松則男さん、関係者の皆さまに心からお礼と感謝を申し上げます。

　平成14年　盛夏

高　見　尚　武

凡例

改訂に伴う用語の意味は、次のとおりです。

* 　幹部とは、リーダー、管理・監督者を含めた総称。消防では消防士長
　以上を指す。
* 　リーダーとは、日本語で先導者、指揮者、指導者、統率者、隊長等を
　いう。
* 　マネジャーとは、日本の風土に根ざした管理者の概念とは必ずしも一
　致しないが、日本語では支配人、経営者、管理人等をいう。
* 　管理者とは、司令長以上は管理者、司令は準管理者・監督者をいう。
* 　監督者とは、消防士長・消防司令補は監督者、司令長、司令で管理業
　務に従事するほか部下の監督にあたる立場にある人は、管理・監督者を
　いう。

目　　次

第一編　リーダーシップ

第1章　リーダーシップとはなにか？

第2章　消防業務の特質とリーダーシップ

第3章　リーダーシップの理論と実際

第4章　リーダーシップと危機との関係

第二編　部下指導

第5章　指導者の資質

第6章　部下指導と職場の士気

第7章　事例研究　リーダーシップと部下指導

第8章　リーダーはいかにあるべきか

第一編　リーダーシップ

第１章　リーダーシップとはなにか？

1−1　リーダーとリーダーシップの違い

　「リーダー」、「リーダーシップ」という用語は外来語で、今では日常用語としてすっかり定着しました。だが「リーダーとは何か？」、「リーダーシップとは何か？」と問うと、深く理解している人は少ないのではないでしょうか。

　リーダーとは、「指導的立場にある人」、リーダーシップとは、「リーダーとしての地位、指揮・統率」といったことが辞書に載っています。確かに言葉の持つ意味はそれで正しいのですが、これだけではリーダーのあり方、リーダーシップの発揮の仕方について理解したとは言えません。

　初級・中級・上級幹部は、リーダーであり、リーダーシップを発揮しなければならない立場にあります。現場活動を中心に考えれば、小隊長（消防士長）、中隊長（消防司令補）、大隊長（消防司令）、署隊長（署長）等はリーダーです。事務的系列では、主任、係長、課長、署長等は、リーダーであり、リーダーシップを発揮すべき立場にあります。

　ここで注意しなければならないことは、幹部になれば、皆リーダーであり、リーダーシップを発揮すべき立場にある、と教えられてきたと思いますが、リーダー、リーダーシップは、生易しいものではないのです。

　ですから幹部であれば、皆、リーダーとしての識見、行動力をもち、リーダーシップを発揮しているかというと、必ずしもそうとは言えないのです。

　そこで消防の特質を踏まえたリーダーシップのあり方について話しをする前に、一般的に「リーダー」、「リーダーシップ」とはどういうことを意味するのか、ここから話しを進めることにします。

1-2　リーダーの意味と特性

　リーダーとは、「指導者」、「先導者」、「指揮者」といった意味があります。松下電器産業㈱（現パナソニック）の創業者、松下幸之助さん、本田技研の本田宗一郎さんは、事業を通じての体験的なリーダーシップ論を著しています。

　米国の9.11同時多発テロ事件では、元ニューヨーク市長、ルドルフ・ジュリアーニさんは、陣頭指揮に当たった経験をもとに、『リーダーシップ』という本を著し、全米でミリオンセラーになりました。

　「私はこの本を通じて、自分が学んだ教訓がいかに効果的なものであったかを、明確な根拠を示しながら論証していきたい。理論よりも証拠、美辞麗句よりも結果を重んじ…」とジュリアーニさんが述べています。まさに経験論を中心にしたリーダーシップ論です。

　学者の立場から著したリーダーシップ論があります。

　例えば、ハーバード流のリーダー論です。ここでは、リーダーの特性として、次の九つを掲げています。

① 　情熱
② 　決断力
③ 　確信
④ 　誠実さ
⑤ 　適応力
⑥ 　強靱な精神
⑦ 　共感
⑧ 　自覚
⑨ 　謙虚さ

（『ハーバード流　リーダーシップ入門』）

ここに掲げた9項目は、いずれも消防幹部にとっても必要な要素です。

九つの項目を消防の仕事にあてはめてみると、使命感と「情熱」を持ち、災害活動や日常の仕事では「決断力」が必要です。ものごとの是々非々を判断するには、疑心暗鬼ではなく「確信」を持って行わなければ部下は安心して従えません。

　幹部は「誠実さ」、「適応力」が必要です。「強靭な精神」は消防精神に置き換えることができます。組織・集団で仕事をする消防社会では、部下集団との関係において「共感」がなければ成果を得ることはできません。幹部としての「自覚」が必要です。自覚とは自己の位置、能力、価値、義務、使命などを知ることを意味します。また「謙虚さ」が必要です。地位と権限に胡坐をかき、横柄な態度で部下を見下せば、反感を買うだけで職場の士気は揚がりません。

　辞書には、「リーダー」とは、先導者、識者、指導者、隊長…、「リーダーシップ」とは、指導者の地位、指揮、統率、先導する…、とありますが、これだけでは具体的に理解することは難しいと思います。単なる言葉（用語）の説明に過ぎないからです。

　そこでリーダー、リーダーシップに関する本を調べ、リーダーとしての要件として使われている用語について概括的に分類してみました。

（リーダーとしての要件）

基 本 姿 勢……主体性、将来ビジョン、信念、使命感、精神力、情熱、自
　　　　　　　　己責任

ものの見方……大局観、建設的意見、客観的にみる、リスクへの挑戦、計
　　　　　　　　画性、事前の対策、長い目でみる、大所高所に立つ、大義
　　　　　　　　名分、正しい信念、先見性、見識

実 　践 　力……行動力、問題解決力、変化に即応、模範的行動、意思決定、
　　　　　　　　決断力、調和共栄、率先垂範、説得力、責任感、信賞必罰、

権限の委譲、命を賭ける

能　　　力……知識・技術の専門性、創造力、経営思考、能力開発、自己啓発、高度の戦術、戦技能力、公明正大、カンを養う、諫言を聞く、言うべきを言う

部下・人間関係…コミュニケーション力、統率力、啓発力、指導力、チームのまとめ、情報を知らしめる、部下の能力の把握と助長、責任観念の助長、部下の福利向上、人を育てる、人の組合せ、人情の機微を知る、適材適所

人格・性格……誠実さ、倫理・道徳感、使命感、教養、思いやり、広い心、安易に迎合しない、前向き思考、謙虚さ、適応力、堅実性、自己啓発、謙虚、感謝、人間観・社会観・世界観を持つ、努力する、捉われない、徳性を養う、信用を養う、気迫をもつ、きびしさ、一視同仁

　リーダーシップに関する研究は、日本よりアメリカの方が進んでいます。マネジメントの研究が進んでいるのが背景にあります。アメリカ海軍の幹部向けに書かれたリーダーシップ論、アメリカ陸軍士官学校ではどのようなリーダーシップを教えているか、「ウエスト・ポイント流、最強の指導力」等の教本は、階級制度を取り入れた社会の幹部のリーダーシップのあり方を学ぶうえで参考になります。

　このことについては、第2章「消防業務の特質とリーダーシップ」で説明することにします。

リーダーの要件

　「声が大きくよくしゃべる。話が上手で如才がない。細かいことによく

気が付き、人当たりがよい。」こんなリーダーを見かけることがあります。

　それに反して、「話が下手で、部下や上司にお世辞が言えない。人当たり良くない。このためリーダーとして適任ではない」と思う人もいるでしょう。

　よきリーダーは一つのタイプで決まるものではありません。いろいろなタイプのリーダーがいるということです。人の風貌や言動だけで、簡単に判断してはいけないのです。

　口数が少なく、一見朴訥で横柄にみえても、しっかりとした考え方をもち、行動力があり、お世辞こそ言わないが部下の気持ちをよく理解し、仕事の成果を上げている有能なリーダーはいくらでもいるのです。

　かつて、私はある中年の消防士長から、

　「私は部下からあまり親しみや好感をもたれないのです。メガネのフレームが黒くて分厚いので、部下にきつい印象を与えているのが原因でしょうか？」といった相談を受けたことがあります。

　「メガネなど、外見的な原因ではない。もっとほかに考えるべきことがあるのではないか」と話したことがあります。

　ガルブレイスは「よきリーダーとは、よいお手本となる人」を云う、と述べています。部下が自主的にやらなければ自ら率先して手本を示す必要があります。

　堂々とした態度、容姿、さわやかな弁舌、自信に満ちた如才のない人付き合いのよい人がいます。一見して有能なリーダーにみえますが、実際は口先ばかりで仕事は部下任せ、責任をもたずに要領よく立ち振る舞う上司には、部下はついていかないのです。

主体性のあるリーダーであれ

　消防のリーダーは、常に主体性をもってものごとを判断し、行動することが基本原則です。過去の経験法則や人の意見を聞くことは、もちろん大切なことですが、自らが深く考えないで、単なる慣習や人の意見に追従す

ることは、大きなリスクが伴います。

　署長、課長、係長から指示されると内容を深く考えずに仕事をする小隊長、中隊長がいます。上司の指示に忠実であることは大事なことですが、ただ忠実に従うだけでは子供の使いと同じです。指示されたことの意味をよく考えることが大事です。上司の指示をそのまま部下に伝えるだけでは、単なる伝達係に過ぎないのです。

　指示された内容に疑問があれば確認する必要があります。上司だから完璧だとはいえません。ときには錯覚や間違いがあるからです。

　前例に従ってものごとを処理し、人の意見に依存するのではなく、ものごとの道理、原理原則に当てはめて考え、自ら「かくあるべし！」「自分はこう考える」といった主体的な考えが重要です。

　私は、かつて消防の職場で、多くの幹部を見てきましたが、上意下達の風潮が強いためか、あるいは消防教育でリーダーシップに関する教育が十分でなかったためか、幹部でありながら、主体性の乏しい、何を考えているのか意思表示のはっきりしない幹部も、少なくなかったように思われます。

　そういう私も、初級幹部の頃を振り返ると、しっかりしたリーダーシップが発揮できずに、しばしば失敗を繰り返した経験があります。

　優れたリーダーは経験の長い短いは関係ないと思います。経験はもちろん大事ですが、それよりも、ものごとの道理や原理原則、自ら主体性をもって判断し、決断し、指示し、行動することが重要だと考えます。

存在感のあるリーダーであれ

　存在感のあるリーダーとは、職場にとってなくてはならない人のことを言います。私が中学生の頃、担任の先生から「君たちは、将来、学校を卒業して社会人になったなら、どんな職業に就こうとも、その職場にとっていなくては困るような存在感のある人になれ！」としばしば言われたことがありました。この言葉を肝に銘じてきましたが、今でもたいへん重要なことだと思います。

　職場の幹部には、いろいろなタイプがあります。

- ○　存在感のある、頼りがいのある幹部
- ○　危ない橋を渡らない幹部
- ○　面倒なことには手を出さない幹部
- ○　大過なく仕事をする幹部

　存在感のある幹部とは、自ら正しいと信ずる方向に向かって努力する人、リスクに直面しても逃げることなく、率先して知恵をしぼり、的確に問題を解決していくタイプの人をいいます。

　職務に精通し、上司の補佐、同僚との関係、部下の指導等、何事も行動力があって、驕り高ぶることなく、謙虚で、誠実さを感じる人を言うのです。

1−3　リーダーとマネジャーの違い

　ベニス（Bennis's）はリーダーとマネジャーの違いについて次のように区分しています。

表1−1

リーダーシップ（リーダー）	マネジメント（マネジャー）
改革者	管理者
開発者	維持者
鼓舞する	コントロールする
長期展望	短期展望
何か、なぜかを聞く	どのようにして、いつ行うのか聞く
創造する	仕事に責任を持つ
現状維持体制にチャレンジする	現状維持を受け入れる
正しいことを行う	ものごとを正しく行う

『LEADERSHIP』　Hughes/Ginnett/Curphy　McGraw-Hill Internationalより引用

　消防という階級社会で仕事をしてきましたが、「リーダー」や「リーダーシップ」について教育を受けた記憶はありません。「しっかりやれ！」、「リーダーシップを発揮せよ！」といった程度の叱咤激励は受けたような気がします。

　初級幹部以上は、みなリーダー（指導者）であってリーダーシップを発

揮するものと漫然と考えていました。ところが経験を積むに従って、管理・
監督者は、すべてリーダーではないことに気がつくようになりました。

　火災の鎮圧、救助、救護、住民の避難、部下の安全管理、戦略、戦術、
指揮統率等、部隊の運用に携わる指揮官は、仕事の困難性、緊張感からく
るものと思われますが、総務、人事、会計、予防等の事務に携わる管理・
監督者と比べると遥かに強いリーダーシップを発揮します。

　退職者の挨拶に、「大過なく勤務させていただき、本日、ここに無事、
退職できますことは、…」といった「大過なく」とは「大きな失敗や過ち
もなく、平穏無事に責任を果たすことができた」という意味で、ここには
感謝や謙虚な気持ちを秘めて使っているものと思われます。

　ところが「リーダー」、「リーダーシップ」には、大過なく、平穏無事、
大きな失敗もなく、といった意味は見当たりません。

　リーダーは、「人の模範となる人」をいいます。困難に挑戦し克己心の
強い勇気のある人を意味します。いみじくもベニスは、リーダーシップ
（リーダー）とマネジメント（マネジャー）の違いを論理的に説明してい
ます。

　ベニスは、図1-1に示すように、二つのタイプに分けてはいますが、
リーダーとマネジャーの両方の素養を身に付けることが必要だと述べてい
ます。

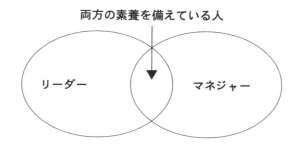

『LEADERSHIP』　Hughes／Ginnett／Curphy　McGraw-Hill Internationalより引用

図1-1

1-4　リーダーシップとは

　リーダーシップとは、リーダーとしての地位、任務、指導権、資質、能力、素養、力量、統率力、人間的な魅力等をいいます。

　有名な経営学者、ガルブレイスは、リーダーシップについて次のように述べています。

　「リーダーシップもまた、定義が曖昧で、誤解されやすい言葉の一つである。今日、必要なことは、「リーダーシップ」という言葉を「手本」と入れ替えることである。…（略）…発言ではなく、行為によって判断すべきだ。」

　リーダーシップを発揮するには、何も難しい理論や理屈は必要ありません。普通の人であれば、誰でも努力をすることによって、優れたリーダーになれます。口先だけで部下に指示し注意を与えるだけでは、部下はついてきません。自ら行動し、実践し、模範（手本）を示し、結果重視の姿勢をもつことが重要です。そして部下の心を的確に掴み、部下にやる気を起こさせることがリーダーとしてのあるべき姿であると思います。

　○　組織の使命を考えぬき、それを目に見える形で明確に定義し、確立することにある。リーダーとは目標を定め、優先順位を決め、それを維持する（妥協もする）者である。妥協をする場合は、あらかじめ「何が正しく、望ましいか」を考えることである。

　○　リーダーシップの本質は「行動」にある。リーダーシップは、決して華やかで、格好のよいものではない。平凡で退屈なものである。
　　　リーダーシップそのものは、良い・悪い、望ましい・望ましくないといったものではない。目的を達成するための一つの手段に過ぎない。

　○　指導性をいう。指導性の要素には、創造力、実行力、人間的な魅力がある。

　○　一人の人間が、他の人間の心から服従、信頼、尊敬、忠実な協力が得られるようなやり方で、人間の思考、計画、行為を指揮でき、かつ

そのような特権をもてるようになる技術、科学ないし天分をいう。

　リーダーシップを身につけるには、単にリーダーシップの技法を身につければよい、といった考えではなく、人間の心理や性格、行動等にも広く関係してきます。

　研究者や学者であれば、一人で、努力し論文や研究の成果を発表すれば、それなりに認められ業績をあげることができます。しかし消防の仕事は、一人でいかに頑張ってみても成果は限られます。

　上に立つリーダーが、強いリーダーシップを発揮し、部下にやる気をもたせ、組織として力を結集することによって大きな成果を生み出すことができます。

　消防のリーダーは、ものごとの常識や知識・技能をもつことが必要ですが、何といっても、強いリーダーシップを発揮して個々の力を組織を通じて結集させることが重要です。

　昔から「勇将のもとに弱卒なし」といいます。しっかりしたリーダーの下には、力のある部下が育成されることは、昔も今も同じです。

　ベニスは、「「リーダーシップ」とは、過程（process）であって地位（position）はない、「リーダー」と「フォロワー（followers）」と「その場の状況（situation）」との相互作用をいう」と述べています。ここでいうフォロワーとは、従者、随員、随行者、家来、臣下、手下、子分等を意味します。階級制度を取り入れている消防、警察、自衛隊等では、指揮官の部下はフォロワーです。

　消防活動にともなう指揮官のリーダーシップとは、①リーダーとしての指揮官、②指揮官の部下（フォロワー）、③指揮官（リーダー）の立場、状態（situation）との相互作用を意味します。

　私の経験からもいえることですが、通常の住宅火災のような規模の小さな火災では、事前計画に基づいて出場し、消火、救助、救護、救急、住民避難、広報等の諸活動を行います。指揮をするにしても、とりわけ難しい

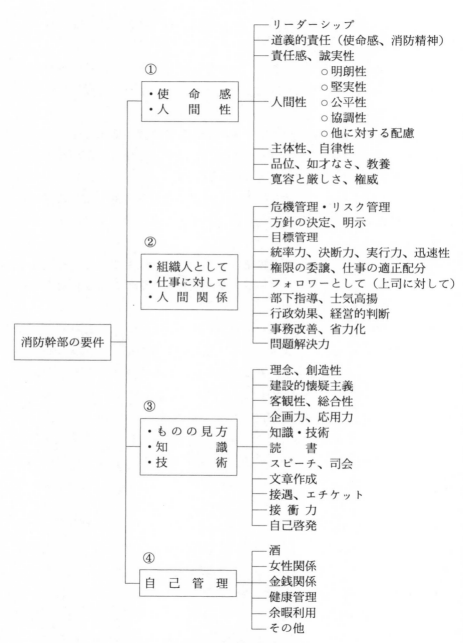

図1-2　消防幹部の要件

問題が生じるわけではありません。

　軽易な災害活動では、私自身、過去の経験を顧みて、強いリーダーシップを発揮したなと思えるような記憶はないからです。ところが、第三出場のような危機的な大規模災害になると、危険な場面が多くなり予想しない難題に遭遇します。人命救助、火災の消火、けが人の救護、周辺住民の避難・広報、隊員の安全管理、消火薬剤等の確保、危険物の処理、応援隊への指示、関係機関への通報、二次災害防止等、緊急に処理しなければならない問題が矢継ぎ早に生じます。迅速にして的確な判断、意思決定、指揮命令を必要とするので、事前計画にない事態がしばしば起こります。こうなると、部下（フォロワー）との連携が一層重要となります。災害の状況は刻々と変化するので、変化にいかに対応するか、推移をみながら戦術、戦略が必要となります。

　リーダー（指揮官）として、いかにリーダーシップを発揮するかで結果が左右されます。

　リーダーシップの発揮は、災害活動だけではありません。予防事務、総務・会計等の事務においてもリーダーシップの発揮の仕方は、基本的には同じです。寸刻を争うような緊急性、困難性、危険性、予想し得ない事態

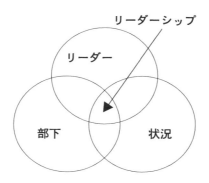

『LEADERSHIP』　Hughes/Ginnett/Curphy　McGraw-Hill Internationalより引用

図1-3　ベニスの考えるリーダーシップ

の発生等が少ないだけで、リーダーシップの重要性は変わりはありません。

　管理・監督者（リーダー）と部下との関係、置かれている状況との関係において、リーダーシップを発揮する必要があります。

1-5　リーダーシップは具体的で、説得力が必要だ

　リーダーシップの発揮は、部下に対し「リーダーシップをしっかり発揮せよ！」、「安全に注意して行え！」といった抽象的、観念的な表現で叱咤激励するだけでは真のリーダーとはいえません。より具体的、合理的でなければならないのです。

　ベニスは「リーダーとは、改革者であり開発者であること、物議を醸さず和やかであること、目先のことに捉われず長期的な視野に立って考えること、上司から指示されるがままに仕事をするのではなく疑問があれば上司に対し、「何故それを行う必要があるのか？」を尋ね、納得したうえで行う必要がある」と述べています。また、ベニスは「リーダーは、創造性が必要だ。問題解決のために創造性をもって押し進める勇気が必要である」と述べています。一方、マネジャー（管理者）は、保守的で現状維持をモットーとします。改革、開発、創造、現状打破よりは、むしろ与えられた仕事は忠実に責任を持って処理し現状を維持しようとする、と述べています。

　マネジャーは、日本語で管理者、経営者と訳されていますが、日本語でいう「管理」は、ものごとを維持管理する、継承する、といった意味があります。これに対し「マネジメント」は、経営管理を意味します。人、もの、金、情報、組織をいかに効率的、合理的に運営管理するかにあります。

1－6　リーダーシップが発揮されている職場では

* 　職場全体が明るい、職員一人ひとりが、さあ〜やるぞ！といった活力がある。
* 　規律が保持され、職場内の整理整頓がされている。
* 　トップの方針が具体化され、組織の末端まで徹底している。
* 　課、係、中隊、小隊としての目標管理や一人ひとりの目標、責任が明確になっている。
* 　災害活動、訓練、労働・衛生、交通等の安全管理が徹底し、事故が少ない。
* 　職場内のリスク管理についての教育がしっかりしている。したがって、モラルが高く非番日の事故が少ない。
　　職員一人ひとりが向上心（能力向上）をもち、リーダーによるきめ細かな指導がなされている。
* 　リーダーとして、優柔不断な態度はとらない。常に的確な指示命令を下す。

1－7　リーダーシップが発揮されない職場では

* 　消防のトップの意思や必要な情報が、組織の末端に伝わりにくい。
* 　部下から出された改善要望について、納得のいく説明が行われないため、部下の不満が高まりやすい。
* 　部下のリーダーに寄せる信頼感が薄く、精神的にも不安定となり、士気が揚がらない。
* 　部下が懸命に努力しても、リーダーが正しく評価し、激励する等、啓発されることがないので、仕事に対する熱意や意欲が低下する。
* 　小隊、中隊、係としてのまとまりがない、互いに協力しあうことがないので、成果が上がらない。

第 2 章　消防業務の特質と
　　　　　リーダーシップ

2-1　消防業務の特質とリーダーシップとの関係

　これまで述べてきた一般論としてのリーダーシップの他に、消防の特質を理解したうえで、リーダーシップを発揮する必要があります。特質には、次の七つがあると私は思います。

① 　強いリーダーシップ
② 　士気旺盛な団体精神
③ 　階級制度
④ 　訓練の習熟
⑤ 　人事管理
⑥ 　リスク感性（リスク管理、危機管理）
⑦ 　消防費用（コスト）

強いリーダーシップ

　消防の幹部が一般の行政事務、企業等の幹部と比較して、より強いリーダーシップを求められる理由は、災害活動にあると思います。人命や財産の安全を確保するために危険を顧みず災害に挑戦する使命を有しているからです。消防が階級制度を取り入れた最大の理由は、責任と権限のもとに、組織集団を統率し活動するうえで、強いリーダーシップを必要とするからです。米国の幹部用の消防行政管理教本には、消防行政の特質の一つに強いリーダーシップを挙げていますが、いずれの国の消防も、幹部は強いリーダーシップが必要だということです。

士気旺盛な団体精神

　ハイテク機能を装備した消防車・ヘリコプター・コンピューター・情報通信等、いかに機動力を充実してみても、これだけでは災害に対応することは不可能です。有能な指揮官、士気旺盛な消防士がいなければ、災害に

立ち向かうことはできません。幹部がいかに強いリーダーシップを発揮してみても、隊員一人ひとりに、やる気がなければ部隊としての円滑な活動はできません。士気が低下すれば事故を起こし、指示命令が巧く伝わらず、助かる人も助けることができません。

　部下に対し叱咤激励をするだけでは組織は機能しません。平素から部下一人ひとりの心理、行動、人間関係等に気を配り、目標管理のもとに技能を磨き意思の疎通を図ることが必要です。過酷な災害現場で安心して活動できる装備、情報通信、安全管理等に気を配り士気旺盛な組織集団の育成に努めることが幹部としての務めです。

階級制度

　階級章は、権限と責任を表示しています。階級が上位になるに従い、より大きな権限が付与され、重い責任が負わされます。対外的に執行する火災予防上の権限、行政管理上の権限が付与されます。

　上位の階級にあるものは、強いリーダーシップを発揮しなければならない責任と義務があります。上意下達、団結心、階級相互の絆が強く求められます。このような特質は、一般の行政職や企業等にはみられない特質といえます。

訓錬の習熟

　災害活動を行ううえで重要なことは、平素から弛まぬ訓錬に励み、技能の向上に努めることにあります。「訓錬」は消防業務の特質の一つとして挙げることができます。

　中堅幹部研修の事例研究で次のような事例がありました。

　「私は小隊長です。訓錬を実施すると言うと、部下から今日は暑いので、訓錬は止めにしてはどうかと言います。寒い季節になると寒いから訓錬を中止してはと言います。困って上司に相談すると、上司は何も言いません。私は小隊長としてどうすればよいのでしょうか？」

　読者の皆さんが、この小隊長の立場にあったなら、どう判断しますか？

　あるいは小隊長から相談された上司の立場にあったなら、どう判断し、指示しますか？

　災害は、暑さ、寒さに関係なく起こります。時間に関係なく起こります。このため訓練もまた季節の寒暖に関係なく実施しなくてはなりません。

　「寒いから訓練を止めては」と部下から言われて、「そうだな、中止しよう」では小隊長として失格です。

　小隊長は、毅然とした態度で「訓練は実施する」と言うべきです。小隊長から相談を受けた上司は、小隊長が部下から突き上げられて困っているのであれば、隊員全員を集め、訓練の重要性を話すべきです。

　上に立つものは、基本原則に当てはめて、ものごとを判断することが大事です。

　もう一つ訓練に関する事例を挙げることにします。

　「住宅街で消防訓練を計画したところ、住民から住宅街での訓練は喧しいので止めてくれ、と言われて中止した。これでよいのか？」という事例です。

　出場に伴うサイレンが煩い、訓練が騒々しいといった住民の苦情が少なくないようです。しかし、苦情があるからといって訓練を中止したのでは、消防の技能の向上は図れません。人命の安全に係る問題であるだけに、ことは深刻です。苦情があれば、幹部は進んで住民の代表者と折衝し、訓練がいかに重要か理解を求める努力が必要です。いろいろ困難な問題に遭遇したとき、率先して問題の解決に努めるのがリーダーとしての責務です。

人事管理

　消防の人事管理には、多くの特質があります。労働組合がないので消防組織法では、「消防職員委員会の設置」について定めています。消防職員は団結権が禁止されている関係で、当該委員会を通じて意見を述べ、改善

を図ることが、この委員会の目的です。このほか、仕事の目標管理、定数
管理、勤務制度、労働安全、教育、福利厚生、保健・衛生等、多くの問題
があり特質として捉えることができます（詳しくは、筆者『消防行政管理』
近代消防社）。

リスク感性（リスク管理、危機管理）

　リスクは災害、金融、財政、医療、交通、企業倒産、職場、家庭生活等、
広範囲に存在します。災害の分野でいうリスクには、日常生活で起こる火
災、救助、救急等の災害の発生の可能性をいい、リスクマネジメント（危
険管理）の対象とされています。これに対し、国家や地域社会の存亡に係
るような戦争、大地震災害、テロ災害、噴火災害、原子力災害、風水害、
疫病等の災害は巨大災害であり、危機管理（クライシス・マネジメント）
の対象とされています。

　リーダーは、平素からリスク感性を磨き、リスク管理の考えや危機管理
に強くなることが重要です。リーダーシップを発揮するうえで、このよう
なリスクや危機に対する感性を持ち、リスク管理、危機管理にあたる必要
があります。

消防費用（コスト）

　消防行政を行うには、人件費をはじめ庁舎・機動力、装備、情報通信等
の費用（コスト）がかかります。国の「消防力の整備指針」「地方交付税」
「消防の基準財政需要額の算定基準」等で示しています。しかし、消防の
待機的業務（火災、救助、救急等）に必要な人員の算定については、災害
との関係においてどの程度の人員を必要とするか、といった問題は、費用
対効果との関係において科学的な論拠を見出すことは難しいとされています。

　ところが往々にして、年間の火災損害額と消防の予算、決算を対比して、
消防の予算・決算額は、「損害額よりはるかに大きい」、「国民の税金を無
駄遣いしている」、といった意見が一部の学識経験者から出たことがあり
ます。この考えは費用対効果に基づく考えで、適切な意見ではないのです。

　費用対効果とは投入された費用によってもたらされる効果の比率、財の効用をいいますが、消防の業務には、費用対効果が適用できるものと、できないものがあります。例えば、待機業務に必要な人員算定、情報通信、ヘリコプター等の装備等は費用対効果で説明することは難しいのです。このことは消防の特質といえます。このことをよく理解したうえでリーダーシップを発揮する必要があります。

2-2　トップダウン方式、ボトムアップ方式

　日本の社会は、官民を問わず「ボトムアップ方式」の社会で、米国は「トップダウン方式」の社会であると言われています。

　「ボトムアップ方式」とは、組織上の主管者が決裁案を作り、関係者に回付し承認を求め、決裁権を持つトップの決裁承認を求める方式を言います。これに対して「トップダウン方式」は、組織の上層部が業務上の意思決定を行い、上層部から下部へ指示する管理方式をいいます。

　日本の役所や企業では、起案文を作成し決裁区分に応じて主任、係長、課長等、トップの決裁を得て物事が処理されます。この方式を「ボトムアップ方式」といいます。

　「ボトムアップ方式」は責任を共有し、民主的にものごとを決め、生産性を高めるうえで多くの利点があります。この方式に依存し過ぎると危機や緊急事態が起こった際に、「トップダウン方式」に切り替えることができずに、失敗するケースが少なくありません。

　例えば、バブル経済の崩壊（1991年）は、必要な対策が後手にまわり、失われた十数年とも言われる経済の長期低迷が続きました。

　阪神・淡路大震災では、国・地方自治体の首長の対応が後手にまわり、甚大な損害を被りました。当時、兵庫県知事であった貝原俊民氏は、『大地からの警告』（ぎょうせい）という著書で、次のように述べています。

　○　日本の社会は「トップダウン」より「ボトムアップ」の社会だが、

　　危機に際しては、リーダーとして毅然たる態度で「トップダウン」で
　行う必要がある。
　○　自衛隊を要請しなかったのは、自衛隊へのアレルギーではない。派
　　遣要請は、当然なことであったが、緊急通信手段の破損、対応に必要
　　な職員の不足、どの程度の規模で、どの地域に出動して欲しいのか情
　　報が把握されていなかったからである。
　○　マニュアルにない判断を迫られた。
　○　判断基準は、正義、責任は自らとる、そう決めれば、道は開ける。
　○　危機管理が不十分というよりは、危機管理自体が欠落していたと言
　　わざるを得ない。

　このように自戒をこめて事実を述べています。ここには危機に備えて何
を為すべきかの考えが無かったからです。リーダーシップは事前対策が十
分でなければ、力を発揮することができないのです。「トップダウン方式」
は災害活動だけの問題ではありません。平素の事務処理においても議会対
策、予算案のまとめ、マスコミへの緊急発表等、緊急に処理しなければな
らない事態が起こります。このような場合には「ボトムアップ方式」より
も「トップダウン方式」に切り替える必要があります。

2-3　リーダーシップを高めるには

すぐやる習慣はリーダーシップを高める

　「処理すべき仕事は、直ちに処理をする」「今すぐ処理できなければ、で
きるだけ速やかに処理をする」、そして、遅くても「今日中に仕上げて、
明日に仕事を申し送らない」をモットーに努力することは、リーダーシッ
プを高めるうえで、たいへん重要です。

　ケリー・グリーンソンという人が書いた『なぜか、「仕事がうまくいく

人」の習慣』（ＰＨＰ研究所）と題する本は、世界14か国で翻訳され、多くのビジネスマンに読まれました。

　この本の中で「すぐやることの習慣」がいかに重要かについて、次のように述べています。

　　「好むと好まざるとにかかわらず、私たちは習慣の動物だ。大部分の人間は、いともたやすく、毎日の習慣を作ってしまう。この習慣というのは、価値あるものなのであろうか？

　　もちろんだ。安全運転をするとか、友人や同僚を思いやるとか、その手の習慣は日課にすべきだし、まちがいなく有益である。「すぐやる」習慣を身につけ大切にする目的は、あなたを行動志向の人間にすることにある。もっと決断力をつけ、行動を起こし、そのまま動き続けることだ。終えなければならない業務の多くは、それほど考え込む必要がないのに、ついつい重大な結果につながる重要な業務と同じように扱われている。」（p.50）

　すぐやる習慣は、人を行動志向の人間にします。すぐに行動を開始する習慣をつけることによって、リーダーシップに弱い人でも判断力や行動力を高めることができるのです。

　頭の中で思い巡らせるよりは、まず行動を開始することが、リーダーシップを高めるうえでの出発点であるといえます。

　日常の仕事の中には、時間をかけて慎重に検討して答えを出すべきものと、やればすぐに処理できるものがあります。しかし時間をかけて検討すべきものと、容易に処理できる仕事が渾然一体になっているため、迅速に処理すべき仕事が、忙しいことを口実に、先送りされる場合が少なくないのです。

　リーダーは、仕事の優先度や内容に着目し仕分けし、処理することが必要です。

迅速な意思決定と行動力

　ものごとに対し、敏感に反応し、即、対処できる人、「慌てることはない。いずれ時間があれば処理すればよい」と考える人、処理すべきことを先延ばしして、そのうちに忘れてしまう人等、様々です。

　慎重になり過ぎると、あれこれ考えているうちに、やることの価値が半減し、チャンスを失うことがあります。

　すぐやる習慣は、大事なことですが、すぐやるには、意思決定が必要です。深く考えずに、すぐに行動すれば失敗します。

　仕事を明日に申し送るな！といっても、ことと内容によっては、時間をかけて、慎重に検討し、調整しなければならないものもあります。

　しかし、初級・中級幹部のポストでは、与えられている職務上の権限や責任は、規則や要綱で決められている場合が多いので、判断に戸惑うことは少ないと思われます。

　迅速な意思決定を行うには、判断するための情報が必要です。このため、体系的に資料を整理し研究心をもって情報の整理に努める必要があります。

　消防の職場内の情報だけではなく、他の職場の参考となる情報も必要です。他の職域で起こった事故でも、事故が起こった背景や仮に自分が当事者であったならば、どのようにして迅速に問題を解決するかについて考え、研究し、訓練することです。

　意思決定には、法令、内規、マニュアル、ものごとの原理原則、リスクに関する情報等が必要です。

　リスクが伴うことが予想される場合には、まず、実施した際の利点（メリット）、欠点（デメリット）について検討し、最終的な意思決定（上司の判断が必要な場合もあるが）を行うようにします。

　ものごとを判断するうえで、迷うことが少なくありません。判断ができずに優柔不断な態度をとり続けるよりは、多少のリスクが伴おうとも、勇気をもって決断し実行することが大事です。

　ものごとは、いくら考えても結論が出ず、やってみなければ分からない

ことが少なくないからです。

　リーダーとして、優柔不断な態度をとることは、部下がもっとも嫌うところです。結果がまずければ、元に戻せばよいといった考えのもとに、勇気をもって決断することです。やり甲斐のある仕事であればあるほど、リスクもまた大きいと考えるべきです。

問題意識をもて

　有能なリーダーであるか否かは、問題意識があるか無いかによって決まります。

　「何か問題はないか？」と聞かれて、「何もありません」と答えるようではむしろ問題です。仕事をするうえで問題のない仕事はないからです。

　ものごとに疑問を感じないで、前例踏襲で上司の言われるままに仕事をするようでは、何の問題意識も芽生えてはきません。

　問題意識のあるリーダーは、ものごとを原理原則にあてはめ、他と対比し疑問や関心をもち、やじ馬的気質を備えた人のことをいいます。

　非合理的であれば、どうすれば能率的で合理的な仕事ができるか、どこにどのような問題があるかを知る、創造性や解決するための手法を考え努力することが、問題意識を高める唯一の方法だといえます。

　例えば、外国や国内の他の消防本部で使われている消防車両・装備の性能、効率的な訓練手法の在り方、ＯＡ機器を活用した予防事務処理の方法、市民への行政サービス等、自らの仕事と対比し、これでよいか？　自問自答し懐疑的な気持ちをもつことです。

　問題意識をもって発言することは、単なる組織に対する批判と考えるべきではありません。組織の発展に結びつける建設的な意見は、すべて問題意識から始まるのです。

　有能なリーダーであるか否かは、その人がどの程度の問題意識があるかで判断されるので、心すべき重要なポイントの一つといえます。

建設的な意見を述べよ

　消防職員は、会議で意見らしい意見を言わない人が多いと言われます。真面目で誠実であることは重要ですが、誠実だけではリーダーとしての資格が十分とはいえません。「黙して語らず」では、何を考えているのか分からないからです。

　「組織のために何をなすべきか」について考え、組織に対する建設的な意見が言えるようにしなければいけません。

　意見を言うと、あいつは、生意気だ、うるさいやつだと思われはしないかと、言うべきことを言わずにいれば、組織の発展は望めません。

創造性をもて

　消防の社会は、言われたこと、決められたことを真面目に、忠実に一生懸命にやる良い面をもっています。しかし反面、封建的で、保守的で、閉鎖社会だとも言われます。

　この背景には、社会の変化に即応することなく、前例を踏襲し過ぎたり、内部指向型で物事を処理したり、外部との人的交流や積極的なコミュニケーションが少ない風潮があるものと思われます。

　外部からの消防行政に対する厳しい批判にも反論することなく、忍の一字で我慢することも一因ではないかと思われます。

　また、経営的な管理の在り方や科学的にものごとを考え処理することが、あまり得意ではありません。

　例えば、仕事の手順、作業の方法、装備の在り方、訓練の在り方、教育の手法等について、従来から行ってきた手法について、創造性をもって見直し、考えてみることも必要なことです。

　組織の活性化は、自ら創造性を発揮して上司に提言し、仕事を改善し、より効果的な仕事の仕方を編み出すことにあります。創造とは、人の真似をするのではなく、新しいものを自ら創り出すことをいいます。このことはリーダーとしてたいへん重要なことだと思います。

リスク感性をもて

　リーダーは、リスクに対する感性が必要です。リスクとは、将来において災害、事故、不祥事が起こる可能性を意味します。必ず災害、事故、不祥事が起こるとは限りませんが、起こる可能性があるのでリスクを把握し、予防、回避することが必要です。ときにはリスクを共有することもあります。どこにどのようなリスクがあるか積極的に把握し、対策を講じることがリーダーに求められます。

　災害活動は、多くのリスクが伴います。例えば、爆発火災、延焼拡大、隊員の事故等です。訓練や職場内においても労働災害が起こることがあります。予防事務を処理するうえでの誤り、人間関係によるトラブル、行政財産の毀損・滅失等、さまざまです。リスクをどのように把握し処理するかが重要です。あえて繰り返しますが、リスクに目敏く反応する、察知する能力をリスク感性といいます。

　リスクを素早く察知したとしても、それだけでは十分ではありません。把握したリスクをどう処理するかが重要です。

上司の立場にたって判断せよ

　ものごとを判断するには、上司の立場にたって判断することが必要です。自分の立場でしか判断できないようでは、限られた範囲のことしか見えません。

　しかし立場を変えて見るようにすれば、今まで見えなかったものが、見えるようになります。

　例えば、山に登るとき、麓（ふもと）から眺める景色と限界林を越えたところでは、今まで見えなかった遠くの山々、キラキラ光る川の流れ等、自然の織りなす風景がかなり異なって見えるようになります。

　かつて経験したことですが、仕事がうまくいかないと、つい上司のせいにしたことがありました。しかし、一段高い立場（上司）からものごとを見るように努めると、上司の立場がよく理解できたことを憶えています。

　私が仕えたある上司に「１ランクか２ランク上の立場で、仕事をせよ！」としばしば言われたことがありました。お陰で、いろいろな仕事を思う存分させていただき、大いに力や自信を身につけることができました。

　この上司は、本当に部下の育て方が上手だったのだなと、年を経た今でもつくづく思うことがあります。

　部下をもったなら、部下に対し「上の立場で判断し仕事をしなさい」と指導してみて下さい。そんなことを言ったなら、部下は出しゃばり、自分の地位を脅かすのではないかと心配するかもしれませんが、決して案ずることではないのです。

　高所にたって、ものごとが判断できる有能な部下を一人でも多くもつことは、それだけ自分にとって大きな戦力であり、組織にとっても望ましいことなのです。

上司のよき補佐役であれ

　「よきリーダーは、よきフォロワー（補佐役）でなければならない」と言います。よきリーダーは、部下に対し、常に指導的な立場にあるだけではなく、上司に対して、よき補佐役でなければならないということです。

　補佐役の在り方には、いろいろあります。上司から次から次へと仕事を指示されると、心の中で「俺は忙しいのだから自分のことは自分でやればよいのに」と不満をもちながら仕事をする人もいます。

　忙しいのだから、言われた仕事を適当に手抜きをして処理すればよいと考える人は、よきフォロワー（補佐役）とは言えません。

　上司に対する補佐とは、一杯飲む計画やゴルフ、マージャン等、上司の気に入るようなことを計画をたてることではありません。上司の仕事が円滑に行えるように、誠意をもって仕事を補佐することを言うのです。

　例えば、起案を命じられたならば、内容をよく検討して二つ程度の案を用意するようにします。

　データや調査結果について、処理する場合は、

* 信頼性のある資料を作るようにする。
* 資料の様式（表わし方）について、あらかじめ了解を得ておく。
* 指示されたならば、急ぎの仕事か急ぎでないか、いつまでに報告すればよいか確認する。
* 仕事の進捗状況について中間報告をする。

　仕事を手分けして調査した方が早いときには、部下に分担させ期日までに完成させて報告するようにします。また仕事の推進状況について、必要に応じて上司に中間報告を行うようにします。

資料は簡潔明瞭、バックデータを用意せよ

　上司は、何かにつけて忙しい立場にあります。このため資料はできる限り簡潔明瞭な資料にします。

　資料の作成は、求められたテーマによって異なります。上司が資料を通じて何が知りたいか、確認しておくことが必要です。

　また簡潔な資料は、何に基づいて作成したか、根拠を明確にしておくことが必要です。

　バックデータ（裏づけ資料）を明確にしておけば、上司は必要に応じて目を通すことができ、仕事をするうえで大きな力になるからです。

関係する部、課との事前の調整を行え

　仕事を進めるうえで大事なことは、どのような仕事でも必ず他の組織との調整を行うことです。

　事前の調整が十分でないと、せっかく順調にスタートした仕事でも、途中でトラブルが生じて挫折したり、問題の解決に、多くの時間と労力を費やすことになるからです。

第 3 章　リーダーシップの理論と実際

3-1　リーダーシップの理論

　歴史を顧みると、それぞれの時代に立派なリーダーシップを発揮した方々がたくさんいます。松下幸之助さん、本田宗一郎さん等、先達のものの見方、考え方、行動規範等を知ることは参考になります。しかし、そのまま真似するわけにはいきません。身近なところにも立派なリーダーシップを発揮している人がいれば、模範として学ぶことも必要なことです。

　ところが「組織とは何か」、「リーダー（指導者）とは」、「リーダーシップはいかにあるべきか」、「人間の心理」、「人間の行動科学」、「仕事をいかにして管理するか」、生産性や効率性に関する理論や科学的な研究になると、残念ながら欧米の方がはるかに進んでいます。

　自らの経験、人の行為、行動を見習うだけではなく、リーダーシップに関する理論を学び自ら実践し体験を通じて自分流のリーダーシップを身につけることが重要です。

　金井壽宏氏（神戸大学大学院教授）は、「理論書については、学者やコンサルタントの理論は役立たないと固定観念を持ってみるのではなく、自分の観察や経験に引き寄せ、自分の頭で考えながら読めば、それらもまた、自分の持論を探し、磨く上で役に立つはずだという姿勢で接して欲しい。」（金井壽宏『リーダーシップ入門』日経新聞社、p.314）と述べています。

　リーダーシップに関する理論はいろいろありますが、ベニスの「リーダーシップ」やレビアン、リピット、ホワイトの3人の学者によるリーダーシップ理論は、大いに参考にすべき理論だと私は思います。

　ブリタニカ国際大百科事典には、「リーダーシップ」について、次のように説明しています。

　「集団の目標や内部の構造の維持のため、成員が自発的に集団活動に参与し、これらを達成するように導いていくための機能。この機能は一方で成員の集団への同一視を高め、集団の凝集性を強める集団維持の機能を強化させるとともに、他方で集団目標の達成に向かって成員を活動せしめる

集団活動の機能の展開を促すということにある。そのことからリーダーシップ機能は、表出的・統合的リーダーシップと適応的・手段的リーダーシップに分化していく。又リーダーシップ類型からみると放任主義型、民主主義型、権威主義型がある」。ここでは、レビアン、リピット、ホワイトの3人の学者の理論とは説明してはいませんが、リーダーシップの類型を「放任主義型」、「民主主義型」、「権威主義型」の三つに区分してあるのを見ると、レビアン、リピット、ホワイトの3人の学者の理論を意味するものと私は思います。

　ここでは私が長年、参考にしてきたレビアン、リピット、ホワイトの3人の学者の理論を中心に簡潔に説明することにします。

3-2　レビアン、リピット、ホワイトの理論

　リーダーシップについての科学的な研究は、なんと言っても、経営学が進んでいるアメリカで、多くの実験・研究の成果について見出すことができます。なかでも、レビアン、リピット、ホワイトの3人の学者（1939年、米国、マイオア大学）による実験・研究は、消防業務の特質を考えるうえでうまく合致し、かつ具体的で分かりやすいので、この学説を参考にしてお話しすることにします。

　レビアンらは、リーダーシップには三つのパターン（型）があると述べています。

　すなわち「独裁型リーダーシップ」、「民主型リーダーシップ」、「放任型

表3-1　リーダーシップの三つのタイプの特徴比較

	リーダーの為すべきこと	部下の態度は	責任の所在は	効果は
独裁型	自ら決定する	従　順	リーダーが全責任を負う	処理が迅速的確に処理
民主型	部下の意見を求める グループによる討論 部下の参加を求める	協力的	責任の分担 究極的にはリーダーが負う	成果が大きい
放任型	情報の提供	自発的	大半の責任をもたせる	単独の方が能率的、効果的

リーダーシップ」です。三つの型のリーダーシップには、それぞれ次のような特徴があります。

独裁型リーダーシップ

　ここでいう独裁型リーダーシップとは、自らの判断と責任において、リーダーシップを発揮することをいいます。

　消防の組織が、典型的な軍隊組織（階級組織）を取り入れた理由は、階級制度を通じて指揮命令系統を明確にし、部隊を統括し、火災、救助、救急等の災害活動にあたることがもっとも合理的で効果的であると考えたからです。

　災害活動や訓練等では、独裁型のリーダーシップを発揮することが、もっとも効果的です。また平常時の業務であっても、
　　○　緊急を要する場合
　　○　部下集団の士気が低い職場
　　○　若年層への指導
　　○　リーダーが指示しないと行動できない部下
には、独裁型リーダーシップを発揮することが、より効果的です。

民主型リーダーシップ

　民主型リーダーシップとは、部下を集め、問題を検討し、意見やアイデアを出させ、その中からもっとも効果的な方策を選び、実行に移すリーダーシップの在り方をいいます。

　ものごとを決める際に、部下の意見を十分に取り入れて決めるので、お互いに責任の一端を担っているという認識をもつので、仕事を積極的に推進しようとする意欲をもちます。民主型リーダーシップは他の二つの型と比較すると、より効果的であるといわれています。

放任型リーダーシップ

　放任型リーダーシップとは、リーダーが、方針、情報、ヒント等を与え

れば、あとは、本人の判断と能力に任せて、仕事を推進させるリーダーシップの在り方を言います。

　例えば、パソコン、外国語、ポスター、写真等のいずれかが得意であれば、消防統計処理、消防に関する海外文献の翻訳、広報ポスターの創作、火災調査のための写真撮影等、個々の能力を発揮してもらうところに特質があります。

　放任型リーダーシップを発揮することによって、部下の態度は、自発性をもち、その責任の大半は、部下が自らにあると認識するようになります。しかし究極の責任は、管理・監督者に帰属することは当然です。

消防業務とリーダーシップ

　レビアン、リピット、ホワイトが提唱するリーダーシップの三つの型（独裁型、民主型、放任型）は、どの型が良くて、どの型が悪いということではありません。それぞれに特質があるので、目的に応じてそれぞれの型のリーダーシップを発揮すればよいのです。

　では具体的には、どのような場面で三つのリーダーシップを使い分けたらよいのでしょうか。一つずつ検討することにします。

　独裁型リーダーシップは
○　災害活動や訓練等の実施
○　平常時の事務でも緊急性を要する業務
○　職務意欲や士気が低くリーダーへの依存心が強い部下

　民主型リーダーシップは
○　平常業務（余裕をもって処理できる業務）
　　多数決でものごとを決めるという意味ではありません。部下に任せるところは任せ、広く部下の意見を聞き、仕事に反映させるようにします。重要なことを決める場合には、仮に部下の賛同が得られなくても、自らの考えや上司の意見を聞いたうえで決定するようにします。

　放任型のリーダーシップは
○　消防業務の性格を考えると、個人の自主性や専門性を重視した仕事
　　が比較的少ないので、放任型のリーダーシップを発揮する場面はあま
　　りないように思います。

　このため独裁型と民主型の二つのリーダーシップを重点的に使い分ける
ようにします。
　大きな組織では、人員の運用面で余力があるので、専門性の必要性に応
じて人員を配置して、放任型のリーダーシップを発揮させることもありま
す。
　ここで、あえて理論的な説明をしたのは、幹部のなかにはワンパターン
で、独裁型リーダーシップを発揮したり、民主型リーダーシップしか発揮
できないリーダーを見かけることがあるからです。状況に応じてリーダー
シップを使い分けるようにします。

　リーダーシップは、自分の性格からくるのだから仕方がない、と考えな
いで、理論を頭の片隅におき、状況に応じて判断し、リーダーシップを発
揮するように努めることが、より効果的です。
　リーダーシップの発揮の仕方を研究し実践することで、部下との良き人
間関係を築き、職場の士気を高め、円滑に仕事を進め効果を上げることが
できるのです。

　あえて言いますが、リーダーシップは、生まれながらにして備えている
人は、きわめて稀です。多くの人は、努力し、研究し、自己啓発に努める
ことで、力のあるリーダーへと成長していくのです。

3-3　体験的リーダーシップ

事例1　リーダーは失敗を重ねて強くなる

　強いリーダーシップは、一朝一夕で会得できるものではありません。理論や考え方を学び、数多くの経験や失敗を繰り返し……、あるべき姿をイメージしながら一つ一つ実践し形成していくものです。

　「失敗なくして成長なし」と言います。リスクや失敗を恐れ、大過なくでは、力のあるリーダーにはなれないのです。

　私の失敗談からお話しすることにします。

　私が司令補に昇任して初めて勤務したのは、新宿の繁華街に近いポンプ車2台配置の小さな消防出張所でした。

　当時の出張所は二部制の勤務で、司令補（中隊長）が出張所の最高責任者でした。私の部には、二十数年勤務のベテラン消防士長のAさんがいました。

　経験の浅い若い中隊長（私）がやってきたというので、部下達はどのようなリーダーシップを発揮するのか、お手並み拝見とばかりに、私のやることなすこと興味深げに見ていました。

　古参のA士長は、太り気味で血圧が高いのか赤ら顔でした。新任ホヤホヤの私を安心させようと思ったのか、笑みを浮かべながら、こう言いました。

　「中隊長さん、火災現場のことは私に任せておいて下さ～い。なあ～に、心配は要りませんや～」

　私は思わず「いや～よろしく頼みますよ～」と、ホッとした気持ちでこう言いました。火災現場経験の少ない私にとって、これほど力強い言葉はなかったからです。

　数日後の昼過ぎのことです。昔は花街だったと言われる近くの飲食店街で、火災が発生しました。けたたましくサイレンを鳴り響かせながら火災現場へと急ぎました。

　現場に到着し、あたりを見回すと、密集した建物と建物との間に2階に通じる薄暗い階段がありました。

　下から見上げると、軒先からうっすらと煙が漂っており、大した火事ではないと内心そう思いました。

　しかし、大事をとって、近くにいたA士長に、

「ホースを1本延長しようじゃないか」と言ったところ、

A士長は

「なあ～に、この程度じゃ～、水バケツ1杯で十分ですわ～」

と悠然とした態度で、近くの隊員に向かって、

「お～い！　バケツ1杯水もって来い～！」と指示しました。

　私はA士長と薄暗い階段を一気に2階に駆け上がりました。そこに木製の扉があり、周囲のすき間からもくもくと黒い煙が噴き出していました。私は再度、A士長に、

「ホースを延長しよう！」

と言いましたが、A士長は私の言葉に耳をかそうとはせずに、部屋の内部の様子を見ようとしたのか、い

きなり鳶口で階段に面する小さなガラス窓を叩き壊したのです。

　と、その瞬間、ドーンというにぶく腹に響くような音と共に、真っ黒な煙と炎が一気に窓から噴き出しました。

　「アッ！」、私とA士長は、転げ落ちるようにして階段を駆け降りました。

　すべてが一瞬のできごとでし

ホースだ！
ホースを延ばせ！

た。

「ホースだ！　ホースを延ばせ！　ホース延長だ！…」
と声になったか、ならないような声を振り絞りながら、夢中で連呼しました。

　見上げると屋根が吹き抜け、真っ黒な煙と炎が空高く立ち上がっていました。ちょうど、この頃、本署の部隊が、次々に到着しました。こわもての警防課長がすっ飛ぶようにやってきました。ホースが延びていないのを見るやいなや、血相を変えながら、「おい！　ホースが延びていないじゃないか！　何をしているんだ！」
と一喝されました。

　火災の原因は、家人が電気ゴタツのスイッチを入れたままで、数日、留守にしたため、器具が過熱し出火したのです。

　部屋が密閉化されていたために酸欠状態で燻り続けていたところ、ガラス窓が叩き壊されたために、一気に新鮮な空気がドッと室内に流れ込み、バックドラフト現象を起こして燃え広がったのでした。

　火災現場を後にして、沈んだ気持ちで出張所に戻りました。誰が悪いのでもない、中隊長としてリーダーシップを発揮できなかった私が一番悪いのだと思いました。

　自らの、ふがいなさを悔やむとともに、このようなぶざまな消防活動はどうみてもプロ消防の姿ではない。現場到着時、やじ馬がいなかったのが幸いでしたが、どうみても市民からみて信頼されるプロ消防の姿ではないと、つくづく反省させられました。

　「火災現場のことは私に任せなさい」と親切に言ってくれたベテランA士長の言われるままに従ったこと、大事をとってホースを延長しようと二度にわたって口にしながら、「ホースを延長せよ！」と厳然たる態度で指示・命令ができなかった私自身のリーダーシップの無さが、最大の原因であったのです。

　火災が終わって引き揚げた後も、隊員は言葉少なく、多くは語りません

でした。新任中隊長の指揮、ベテランＡ士長の行動を見て、隊員はリーダーに対する信頼を失ったことは間違いのない事実でした。

　部下を信頼し意見を聞くことはたいへん重要です。しかし、決断するのはリーダーです。的確な判断、毅然とした態度、指示命令、行動力が、リーダーとして欠くことのできない要件であることを、改めて強く認識させられました。

　「経験は貴重な財産」だと言います。うまくいった経験、失敗した経験は、次の現場活動等に活かすことが重要です。
　一口に火災の経験が10年あると言っても、火災の多い消防署に勤務し、中味の濃い経験を数多く積んだ人と、同じ10年でも、火災出場回数が少なく研究心のない人では、中身において大きな違いが生じます。
　経験を参考にすることはもちろん大事なことですが、ものごとを原理原則に当てはめて決断し、行動することが重要です。何故ならば、消防の勤務を通じて、あらゆる災害を経験することは不可能です。
　何十年も消防署に勤務していても、住宅火災程度の火災経験しかない人もいれば、私のように署での勤務が少なくても、ビルの地下火災、都市ガスの爆発火災、タンクローリーの転覆による危険物火災、地下ケーブル火災など、危機的な災害に遭遇するケースもあります。
　現場の勤務が長いと、プロとして経験があるかの如く、錯覚しやすいのですが、重要なことは、単なる経験年数だけではなく、プロに値する中身が備わっているかどうかです。このことは、リーダーとしてもたいへん重要なことです。
　災害に対して実体験をもつことは必要です。しかし、実体験がなくても、災害事例報告等を読み、対象物に応じた火災の特質などを勉強し、火災事象に応じてやるべきこと、やってはならないことなど、火災防御の原理原則を理解することはできます。

　このことは、火災だけの話ではなく、救助や救急活動、予防行政等についても同じことが言えます。

事例2　リーダーシップと事前対策

　私の失敗談。バケツ一杯の水で消火に失敗しても、あらかじめホースを延長しておけば、バックドラフト現象が起こっても、直ちに消火活動ができたはずです。

　私がある消防方面本部に勤務した当時のことです。管内の主要環状道路でタンクローリーが転覆し、ガソリンが流出して炎上しました。幹線道路が半日ストップする大事故や地下洞道火災で電信ケーブルが燃え、コンピュータ回線が止まり、方面内の119番、110番回線が不通になる大事故を経験したことがありました。

　このような危機的火災では、幹部も署員も誰一人として、経験した人がいなかったために、まさに試行錯誤の連続でした。

　このとき痛切に感じたことは、経験も大事だが、万一、大事故が起こったならばどのように対処すればよいか、たとえば、「幹線道路で、疾走するタンクローリーが転覆して、大量のガソリンが路上に流出し、住宅に燃え移ったなら、どう対処したらよいか。鎮火したタンクローリーに、大量のガソリンが残存したならばどう処理するか。大量の空きドラム缶をどのようにして調達するか」など、危機管理の考えを取り入れて、テーマごとに災害防御の戦略、戦術を検討し、実戦に即した事前対策を講じておくことが重要だと痛感しました。

事例3　優れたリーダーの基本は、昔も今も変わらない

　私は消防学校を卒業して、新宿消防署（昔は淀橋消防署）勤務となりました。当時は、現在のような消防副士長制度はなく、消防士をまとめる班長（放水長）がいました。当時の班長は、実に大きな存在感がありました。

　訓練では、小隊長から「おい、高見！　火災現場に出場したら迷わず機関勤務員の仕事を手伝え！　終わったらすぐに班長のところへ行け！」と

指示されました。

　配置になって初めて火災現場に出場したときのことです。小隊長に指示されたとおり、機関勤務員の手伝いが終わると、直ちに自分の小隊名の記号がついたホースを辿りながら、班長のところへと急ぎました。

　大きな火災であったので、他隊のホースが入り乱れて延びており、ホースの記号をたどりながら、ウロウロしていると、通りかかった他隊の指揮者に「君はどこの隊員か！」と一喝されて、ホトホト困ったことがありました。

　屋根の上で消火作業をしている隊員の後ろ姿を見ても、自分の班長がどこにいるのか分かりません。キョロキョロしていると、「おお～い、高見！ここだ～！　ここだ～！」といって、大声をあげながら屋根の上から片手を振ってくれました。ホッとした気持ちで梯子を昇り屋根に上がると、「こっちへ来てホースをもってみろ！」と大声をあげる。当時の屋根は、瓦ではなく、防水シートにタールで加工した粗雑な屋根が多かったので、足で踏む位置を間違えるとブスッ！と鈍い音がして破れ、梁を跨ぐようにして股まで潜ってしまいます。

　「オ～イ！　何しているのだ！　釘が打ってあるところが梁だ！　その上を歩け！」

　そう言いながらホースを片手に持ち替えながら、もう一方の太い腕で私

の襟首を摑み、エイッ！とばかりに掛け声もろとも私の体を引き上げてくれました。

　煙と炎の渦巻く中で、班長は怒った顔も見せず、新米の消防士の面倒をみながら、淡々と自らの仕事をしていました。

　ずぶ濡れになり真っ黒な顔で署に戻りました。しかし、顔を洗い着替えることもなく、次の出場に備えて新しいホースの詰め替え作業が始まります。班長は、汚れたホースの洗浄を隊員に指示し、自らもその一員として作業を始めました。

　リーダーは自ら行動し、実践し、後輩の足らぬところを補佐し、後輩を育てようとする温かい気持ちと、消防の仕事は厳しいのだ！と無言で教えてくれているようでした。

　私は、今でも当時の班長の姿が強く印象として残り、忘れることができません。先進国としての、日本消防の発展の礎を築いたのは、このような立派な班長の「強いリーダーシップ」に負うところが、たいへん大きかったのだと、今でも私はそう信じています。

　私の過去の見苦しい体験をお話ししたのも、実はドラッカーの言葉を借りれば、「リーダーとはお手本だ」ということです。班長は私にとって最良の「お手本」であったのです。いつの時代も、お手本はお手本であり、永遠に不滅です。

■リーダーシップの研究

○　リーダーに必要なのは、なによりも先に、自分がリーダーにふさわしい人間になることです。えてして世のリーダーは、部下に厳しく自分に甘い〜ということになりがちです。こうしたリーダーが率いる組織は、絶対に勝てません。必ず崩壊します。それともう一つ、リーダーは勝つことに対してギラギラするような執念を持っていなければならない。もしそれがなくなったら、その人はリーダーの座を去るべきでしょう。（川上哲治（野球評論家）『プレジデント』）

○　リーダーはきらわれ、不平を言われ、笑われ、攻撃を受けるくらいでなくてはならない。そして、つかの間の満足を人に与えようとすることよりも、必要な目的を認識し、その目的遂行のために行動を起こすことが、もっとも重要な点である。（アブラハム・マズロー『自己実現の経営』）

○　もしも諸君が与えられた仕事に生きがいを感じ、職業生活の幸福を確保したいのならば、諸君はそれについて不平を言うまえに、仕事そのもののために、職業それ自身のために、献身する決意をしなければならない。だが、もしも諸君がこの献身を欲しないならば、それも一つの生き方だろう。このばあいには、諸君はレジャーを楽しみ、家庭の建設にいそしむことができる。ただそのばあいには、諸君は仕事のうえで自分はなにものかをなしとげた、たとえその意義は小さくても、自分でなければできないあるものを歴史上に残したという、あのなにものにもかえがたい感激をもつことは、ついにできないだろう。（尾高邦雄『職業の倫理』）

○　ある人がある仕事にどのくらい生きがいを感じることができるかということは、その人がその仕事に向かって献身する気構えをどのくらいもっているか、ということにかかっている。そして、いうまでもないことだが、仕事へ

　の献身とは、けっしてなまやさしいことではない。もしも人一倍の成果をあげようとするならば、このために払わねばならぬ犠牲や、忍ばねばならぬ苦痛も、当然倍加するだろう。しかも、この犠牲を進んで払い、この苦痛をあえて忍ぶだけの根性のある人びとだけが、その仕事のうえの生きがいと、その職業生活のうえの幸福を確保することができるのである。（尾高邦雄『職業の倫理』）

○　人より人に及ぼす感化は、その雄弁よりも、主義よりも、学識よりも、実に品性の力最も深甚なりとす（国木田独歩）

○　大体、おとなというのは、過去を背負っている。過去に頼っていい悪いを判断するから百八十度転換したときには、非常に危ないイデオロギーで現在をみつめる。私はこれは一番危険であるとみた。（本田宗一郎『俺の考え』）

○　リーダーシップと意思決定
・自らを知り、自らの改善に努めよ
・高度の戦術・戦技能力をもて
・進んで責任を求め、自らの行動に全責任を負うようにせよ
・堅実かつ適時の決心をせよ
・模範的活動をせよ
・部下を知り、部下の福利厚生に注意せよ
・部下に状況を知らしめよ
・部下の責任観念を助長せよ
・任務の理解、実行状況およびその達成を誠実にし、その成果を確かめよ
・部下の共同動作を向上せよ
・部下の能力に応じた運用に努めよ

（拓殖久慶訳『米陸軍戦闘マニュアル』）

第4章　リーダーシップと危機との関係

4-1　己の信ずる目的に向かって努力せよ

　リーダーシップを発揮すれば、常に円滑にものごとが進むわけでありません。多くの人々は安定志向をもち、少しでも楽をして楽しいことを望みます。勤務条件や処遇が向上すれば満足するでしょうが、逆に悪くなれば不平不満が出やすいのです。

　そこで、リーダーは、部下から不満が出ないように、部下の意向に沿ってものごとを処理すべきか、というと、必ずしもそうではありません。ときには部下から反対されても、自ら正しいと判断したならば、反対を押し切ってでも、意図する目的に向かって押し進める勇気と実行力が必要です。

　私は次のような経験をしたことがあります。

事例1　慣習とリスク

　E消防署勤務になって最初の正月のことです、恒例の行事の一つとして、関係団体の役員、非番の署員が地元の神社に集い、防火祈願を行い、仕出し弁当でお清めをしました。私にとって初めての行事でしたが、気になることがありました。

- ＊　宗教（神社）という場で、役所の行事として防火祈願を行うことの意味（「憲法第20条（信教の自由）」との関係）
- ＊　多くは非番の署員の集まりでしたが、少数とはいえ日勤者が参加していること
- ＊　行きずりの老婆が「若い衆が大勢、神社に行くが、何があるのかのう？」とつぶやいたこと

　このような点に私はリスクを感じたのです。マスコミや部外者から、このような行事を行うことの意味について問われたならば、理路整然に答えられないので、翌年から中止しようと判断しました。

　早速、幹部会議を開き、私の考えを述べたところ、皆反対でした。「署員が楽しみにしている行事を廃止すれば、士気に影響する」、「今まで行事

を実施してきたが、市民やマスコミから批判されたことは一度もない。今まで何もなかったのだから、これからもないのではないか」といった意見が多数でした。

「世論やマスコミから指摘されてからでは遅い。業務上のリスクがあると考え来年から廃止する」と私は宣言しました。

話の分からぬ署長だということで、私の評判は下落しました。ところが数日後の朝のことです。副署長が新聞を片手に勇み足で署長室に入ってきました。

「署長！　S署の新年会のことで、Y新聞が社会面で大きく取り上げています。昼間の新年会に日勤者が数人出席していたと大きく報道しています。当署は、来年から取り止めることにしたのは正解でしたね〜。いや〜署長は先見の明がありますなあ〜」と笑いながら持ち上げるのです。

何も先見の明があったわけではありませんが、長年、行ってきた行事だとしても、時代が変化し、外部から問われて説明できなければリスクと考え、改善するのは当然と思ったからです。署員が楽しみにしている年に一度の行事を無碍に踏み潰すことは躊躇しやすい問題ですが、リーダーは、ときには反対を押し切ってでも正しいと信ずる方向に向かって冷淡に貫徹する強い意思が必要です。

次にもう一つ民間の事例を紹介することにします。

事例2　ある企業経営者の信念

クロネコヤマトといえば宅配便で有名です。宅配便を創設したのは小倉昌男さんという方で、ご尊父が経営する大和運輸に入社したのですが、同業他社との競争が激化し、先行き不安を感じて宅配市場に目を向けたのです。

この方は『小倉昌男経営学』（日経BP社）という本を著しています。ここには事業として宅配制度を成功させるに至った苦労話が詳しく述べてあります。この本は一躍ベストセラーになりましたが、実体験に基づいて書かれているだけに、リーダーとしてのあり方を学ぶうえで一読に値する

良書です。

　誰も手を付けたことのない未知の世界に向って、宅配事業に転換しようと考え、取締役会に提案したのですが、リスクが大き過ぎるといって取締役会で総反対されたのです。社内で孤軍奮闘し、対外的には規制緩和を求めて官僚と戦い、艱難辛苦の末、事業を成功させた方です。

　企業の経営の話ですが、リーダーとしての生き方を学ぶうえで大変参考になります。少々長くなりますが、大事な点を次に引用させていただくことにします。

　・・・・・・・・・・・・・・・・・・・・・・・・・・・・

○　経営とは自分の頭で考えるもの（p.37）

○　共同体経営＝パートナーシップ経営とは、経営者と労働者が対等に力を出し合って企業活動をやり、その成果を両者で分配するというものだが、いわゆる西ドイツでいわれている労働者の経営参加とは異なる。共同体経営では、共に知り、共に働くという姿勢が中心である。従業員が自発性を高め、自己管理をしていくことに特色がある。そのためには、経済の動き、経営の状態、人事など経営に必要な情報を、同時に従業員にも提供し、同じ目的意識を持たせることが必要である。自発性を高めるには、社内コミュニケーションの改善、小集団の活用、経営の成果配分が必要である。（p.56）

○　極端に効率の悪い個人の宅配事業は、絶対に赤字が出るという先入観は抜き難いものがあり、当初賛成に回る者は一人もいなかった。（p.95）

○　サラリーマン経営陣は、ややもすれば自己責任の心が乏しく、付和雷同的な思考、行動をとる傾向がある。（p.95）

○　手間ひまかけてメリットやコストの計算をするのはやめてほしい。それよりも、サービスを向上するためにはどうしたらよいか、それだけを考え、実行してほしい―。私は皆にそう訴えた。そこで「サービスが先、利益は後」のモットーを作ったわけである。（p.134）

○　企業経営において、人の問題は最も重要な課題である。企業が社会

的な存在として認められるのは、人の働きがあるからである。人の働きはどうでもいいから、投資した資金の効率のみを求めたいという事業家は、事業家をやめた方がいいと私は思う。事業を行う以上、社員の働きをもって社会に貢献するものでなければ、企業が社会的に存在する意味がないと思うのである。私が唱える「サービスが先、利益は後」という言葉は、利益はいらないといっているのではない。先に利益のことを考えることをやめ、まず良いサービスを提供することに懸命の努力をすれば、結果として利益は必ずついてくる。それがこの言葉の本意である。(p.141)

○　運輸省に限らず一般に役人は、新聞紙上に活字となって載ることを極度に怖がる習性がある。だから新聞やラジオを通じて行政の非を追及するのが、極めて有効である。それには自分の主張をマスコミに正しく理解してもらう必要がある。新聞広告を使ったのはそのためである。

　世間では、とかくお上の言うことを、間違っていても無理だと思っていても仕方がないと受け入れる傾向がある。民間のそういう態度が役人を間違った態度に導いてしまうのである。民間も反省しなければいけないと思う。(p.168)

○　役人の一番いけないところは、結果に責任を持たないことである。人間誰しも間違いはある。私も経営上の判断で間違いを犯したことは多い。しかし気がつけば社員に率直に謝って訂正したものである。過ちがあったとき率直に訂正するから、社員から信頼を得ることができたのだ。(p.280)

○　第一線の社員の能力を重視し、年功序列といった旧態の人事を排除する。それが全員経営の成功に欠かせないが、なんといっても最大のカギは、社内のコミュニケーションである。(p.171)

○　宅配便を始めるにあたって第一線のドライバーを中心とした営業および作業の体制を作ることとし、ドライバーの呼称をそれまでの「運転手」から「セールスドライバー」に変更した。(p.172)

○　社員に目標は与えるが、会社側はやり方について命令したり指図したりせず、社員がその成果に責任をもって行動する、というものである。（p.173）

○　正確で公正な人事考課を確立するのは至難の技だ。そこで私は部下の目で見た「下からの評価」と同僚による「横からの評価」を取入れ、社員の人柄を評価することにしている。（p.261）

○　私の結論は、上司の目は頼りにならないということであった。ただ社員にとってみれば、仕事をやってもやらなくても評価が同じでは納得しない。一生懸命やった人とやらなかった人に差をつけなければ、公正さが失われ、社内秩序が維持できなくなるおそれがあるわけである。（p.270）

○　経営は論理の積み重ねである。したがって、論理的思考ができない人に、経営者となる資格はない。また、経営者は自立の精神を持たねばならない。これまで護送船団を組んだ行政や政治家の力に守られてよしとする経営者がどれほど多かったことか、しかし今、社会はボーダーレス化が進んでおり、どこに競争相手がいるか分からない。常に論理的に考えて、攻める姿勢が必要なのだ。併せて経営者には高い倫理観を持って欲しい。社員は経営者を常に見ている。トップが自らの態度で示してこそ企業全体の倫理観も高まると、私は信じています。（p.271）

・・・・・・・・・・・・・・・・・・・・・・・・・・

　この本を通じて感じたことは、小倉昌男氏の考え方は、既に説明したベニスのリーダー、リーダーシップ（図1-1参照）の考えに多くの類似点を見出すことができます。

ベニスのリーダー像	小倉昌男氏の考え方、実践法
① 改革者	取締役会に反対されても目的に向かって進む強い信念、論理的思考の重視、必要情報を社員と共有する、経営者と労働者が対等の力を出しあう、小集団の起用
② 開発者	ドライバーを中心とした営業体制、年功序列の排除、社員の能力重視、サービスが先・利益は後
③ 鼓舞する	従業員の自発を高める、自己管理する、共通の目的意識を持つ、目標管理の徹底、成果主義の考え
④ 長期展望	長期展望に立って段階的に事業の拡大を図る
⑤ 何か、なぜかを聞く	宅配業を思うように認めない役所の理由は何か、なぜ役所は規制するのか
⑥ 創造する	経営者は自分の頭で考える、宅配業務をどうシステム化するか（警察、郵便局等の配置を参考にした）、輸送資機材の開発
⑦ 現状維持体制にチャレンジする	従来のトラック輸送から宅配業への転換、監督官庁に挑戦する（マスコミに正しく理解してもらう）
⑧ 正しいことを行う	経営者としての高い倫理観をもつ

図4-1　ベニスのリーダー像と小倉昌男氏の考え方との類似点（筆者作成）

4-2　リーダーシップはリスクが伴う

　人は誰でもリスクの中で生活をしています。リスクとは、「不確実ではあるが、事故、不祥事の発生の可能性あるいは損失発生の可能性」（亀井利明監修『リスクマネジメント用語辞典』同文館）を意味します。リーダーシップを発揮すれば、常に円滑にいくとは限りません。ときには関係行政機関、事業所との利害関係で、トラブルが生じやすいものです。

　組織内部では、部・課の統廃合、定数削減、大幅な予算削減となると「総論賛成、各論反対」で思うように計画通りに進まず挫折することがあります。処遇の問題、職場の人間関係といった人事管理に伴うリスク。建物・施設の建設、装備等の調達等に伴う業者とのリスク。予算の執行、契約行為、財務管理上のリスク。情報にかかわるリスク（トップへの必要情報の遅れ、誤った情報の伝達）。予防事務処理上の不正、トラブル。市民、

職員等からの不平、不満、不正に対する苦情、投書。マスコミによる行政批判等は、個人だけの問題に止まらず組織の信頼を大きく失墜させることがあります。

　事故、不祥事を防ぐには、リスクやリスク管理の感性を身に付けコントロールする必要があります。

　　（注）

　　　「英語のリスクという語は、日本語でも「リスク」として使用し、危険とは訳さないほうが望ましい」（亀井利明監修『リスクマネジメント用語辞典』同文館）と述べています。このことは重要です。リスクは、不確実ではあるが、将来、事故が起きるかもしれない可能性をいいます。

4-3　リーダーシップと危機

　「危機に立ち向かうことでリーダーは鍛えられる」とアイアコッカー（元クライスラー会長）は述べています。企業経営、公務に携わるリーダーは、危機に立ち向かうことによって鍛えられることは事実です。危機的な災害活動、危険業務に携わる指揮官、隊員は生死に係る危機や危険が伴います。

　消防に強いリーダーシップが求められるのも、まさにこの点にあるのです。危機とは「大変なことになるかも知れない、危険な状態」をいいます。国、一つの都市が存亡に係るような巨大災害、例えば、中国で起こった四川大地震、阪神・淡路大震災、米国の9.11同時多発テロ、サリン事件等、突発的な巨大災害を意味します。

　危機には、大地震や噴火災害、津波、テロ災害、爆発火災等、瞬時に起こる巨大災害がある一方で、地球環境の危機、金融危機、企業倒産の危機、エネルギー危機、食糧危機といった、時間をかけながらじわじわと迫ってくる危機もあります。

　私は、ここに例示した突発的な巨大災害を経験したことはありませんが、危機管理の概念に入る災害活動を二つほど経験したことがあります。

　第三消防方面本部（世田谷・渋谷・目黒区）に勤務した当時、世田谷電話局とう洞火災、柿の木坂タンクローリー火災事故で第三出場となり、現場の指揮活動にあたったことがあります。この二つの災害はまさに青天の霹靂で、平時の災害活動と危機的な災害活動の違いについて、身をもって体験したことがあります。

　この災害では、平時の災害活動組織では対応できなかったからです。指揮体制、情報通信、支援体制、住民への避難・広報、危険物処理、住民・隊員の安全等、瞬時にして多くの意思決定を求められる災害でした。私は二つの危機的災害を経験し、これが動機付けになってリスク管理、危機管理の重要性を認識するようになりました。

　9.11同時多発テロでは、ニューヨーク市消防局の局長以下隊員363名が尊い命を失いました。危機的災害でリーダーシップを発揮するには、平素から危機管理に対する事前対策が重要です。「危機に対する事前対策なくしてリーダーシップなし」が私の信条です。ここでは紙数の関係で詳しく説明することができませんが、関心のある方は、筆者『災害危機管理のすすめ』（近代消防社）を参照して下さい。

　危機に対応できる組織体制、訓練、マニュアル、災害リスク把握、装備、情報、事前対策が必要で、リーダーシップは、このような諸条件を整えるために努力すべきです。

　しかし、事前対策があればすべてが安心かというと、決してそうではありません。事前対策やマニュアルにないことが往々にして起こるので、組織のトップ（上層部）は、状況に応じた迅速な判断、トップダウン方式による指揮統率が求められます。

　9.11同時多発テロでは、元ニューヨーク市長、ルドルフ・ジュリアーニは、超人的なリーダーシップを発揮し、多大なる評価を受けました。後

に『リーダーシップ』を著し、一躍有名になりました。ジュリアーニは「大切なのは準備だ。市長時代、わたくしたちは、絶えずさまざまな種類の不測の事態に備えて、市の対応を机のうえで予行演習をしてきた。テロ攻撃を受けたなら災害の種別に応じて部署の職員の説くべき行動について綿密な計画、行動について詳しく検討した。また街で真に迫る演習を行い、実際に起こった災害と間違えられるような訓練をした。」と述べています。

　危機的な災害に対し平常時の組織で対応すれば損害が大きくなることは明白です。危機に見合う事前対策や組織体制、訓練、装備等の整備とトップの強いリーダーシップが必要です。

　＊　ジョセフ・ナイ氏（ハーバード大学博士、元米国防次官補）は、「危機で力を発揮するリーダーとは、その場の状況を察する知力にたけ、どの決定を自分で下し、どれを部下に任せるかをわきまえている。…（略）…危機的状況でリーダーに求められるのは、決定権を委ねるタイミングや市民を安心させる術を知っていることだけではない。危機発生前にあらかじめ体制を構築し、訓練を行い、非常時に備えることも求められる。」と述べています。

　（注）
　　危機（原義は、将来を左右する重要な分岐点）は、重大局面、難局、重大な分かれ目、岐路、巨大性、国家、地域社会等、広域にわたり危険や損害が生じる危険な状態をいいます。

4-4　リーダーシップと危険

　リーダーシップと**危機**との関係について説明しましたが、次に**危険**との関係について説明することにします。危機と危険はよく似た言葉ですが、同じではありません。危険とは「危ないこと、危害又は損失の生ずるおそれがあること」を意味します。危機は巨大性、一国、一都市の存亡に係る事象を対象にするのに対し、危険は、個人、家庭、地域に特定した範囲を対象とします。災害活動や訓練、職場内の安全管理等で、危険が生じます。危険は事故そのものではありませんが、危険を無視し、あえて危険を冒せば事故に繋がります。

　災害現場や訓練には危険が伴います。危機に対応するには事前対策が必要だと説明しましたが、危険が伴う災害活動、訓練等においても安全管理についての事前対策が必要です。

　階級社会では、一般の行政、企業の職域とは異なり上意下達、上官の命令・服従、指揮統率、統一ある組織行動等が強く求められるだけに、リーダーシップのあり方について、平素からリスクや危険に対する安全対策について研究しておくことが肝要です。

　「故きを温ね新しきを知る」ではありませんが、過去に起こった事故、不祥事等について教訓とすべきことは、大いに取り入れる必要があります。

　古い話になりますが、明治35年1月、日露戦争の前夜、八甲田山の雪中訓練で、陸軍の将校、兵士を含む199名の死者を出す遭難がありました。『八甲田山死の彷徨』（新田次郎、新潮社）に詳しく載っています。小説とはいえ、史実に基づきリアルに書かれており、リーダーとしてのあり方、リーダーシップの発揮の仕方を学ぶうえで、一度は読んでおきたい良書です。

　弘前歩兵第三十一聯隊、中隊長・徳島大尉。青森第五聯隊、中隊長・神田大尉の率いる隊は、それぞれ同時に同一コースを逆の方向からの隊に分

かれて、雪中行軍を開始したのです。ところが青森第五聯隊の神田大尉が率いる中隊は、ほとんどが凍死、弘前第三十一聯隊の徳島大尉が率いる中隊は、11日間にわたる全行程を完全に踏破したのです。

　徳島大尉、神田大尉は、いずれも優秀な将校でしたが、神田中隊は、ほとんどの隊員が凍死したのはなぜか？　雪中行軍を開始する前の神田大尉、徳島大尉は、指揮官（中隊長）として隊員に対し、どのようなリーダーシップを発揮したのか？ここには、指揮命令、事前準備、事前の計画、装備、情報等、指示等に大きな違いがみられます。

　青森第五聯隊、神田大尉の率いる中隊に、大隊本部から大隊長、山田少佐他数名が随行したのですが、随行とは名ばかりで、山田少佐は指揮官である神田大尉の指揮権を奪い、指揮命令系統に混乱が生じ、状況の変化に対応した臨機応変の措置がとれず、意思決定等に支障をきたし、大惨事になったのです。

　弘前連隊の徳島大尉は、指揮官としての権限を掌握し、雪中訓練を実施するにあたり、将校３名、軍医（見習い士官）２名、見習い士官７名、下士官21名、兵卒４名に次のような研究課題を与えています。

- ○　気象の研究
- ○　雪中行進法の研究
- ○　雪中路上測図の研究
- ○　寒冷に対する疲労度の研究
- ○　凍傷の予防法と処置法の研究
- ○　装具の研究
- ○　携帯食の研究
- ○　宿営の研究
- ○　寒冷地におけるラッパ吹奏の研究
- ○　雪中行軍における下士兵卒の指導についての研究

　また、将校、見習士官等に行軍予定経路に当たる町、村、部落へ派遣して、道路、積雪、案内人の有無について調査させた。装備は少しでも軽く

させ、防寒対策は将校と見習士官は黒の羅紗服、黒の羅紗外套、下士官は紺の羅紗服にカーキ色の羅紗外套を着させた。軍人達は厚さ10センチもある揃いの軍帽を被せた。

* 雪中行軍の携帯食の研究によると、握り飯は布で覆い、さらに油紙で包み雑嚢（ざつのう）に入れ、その上に外套を着れば凍ることはない。
* 水筒の水は凍るおそれがあるので、七分目ぐらい入れておく、歩行の際、水筒中の水を動揺させて凍らないようにする。
* 軍靴の上に雪沓（ゆきぐつ）（雪道に履くわらぐつ）を履くよりも、軍足を3枚重ねて穿いたうえに、直接雪沓を履いた方が、歩行に便で暖かい。
* 寒地行進法の研究によると、爪先に弾力性をもたせて歩くと疲労度が少ない、足指先が凍傷にかかる心配がない。
* 凍傷の研究では、軍足の上を油紙で覆うと凍傷防止の効果があること。

　以上は『八甲田山死の彷徨』（新田次郎、新潮社）から一部を引用させていただきましたが、リスクを考え、危険にどう対処したらよいか、リーダーシップのあり方を研究するうえで、学ぶべき点が多いです。

　特に神田中隊が遭難者を出した理由の一つに指揮系列の混乱があったと言われています。こうしたことは、階級社会の特質として、現代においても災害現場や訓練等で起こり易いだけに、リーダーは、組織、指揮命令の原則、科学的な研究、事前対策を通じて、リスク、危機、危険に対し、どう対処すべきか、リーダーシップのあり方を研究する必要があります。

　過去においても訓錬の場において上級幹部が「注意してやれ！」、「事故を起こさぬようにな！」といった注意を与え、結果において事故を起こした例があります。単なる観念的、抽象的に注意を与えるようでは、適切なリーダーシップを発揮したとはいえません。

　事故を起こさないためには、どうすればよいか、ここに例として引用した「八甲田山・雪中行軍と遭難事故」を研究すれば、リーダーとしてのあり方、リーダーシップを発揮するということは、決して生易しいものでは

ないことに気づくはずです。

> **（注）**
>
> 　危険（danger）と危機（crisis）は同じ意味ではありません。危険は、危ないこと、危害又は損失の生ずるおそれがあること、を意味し目前の危険を意味します。電車がホームに進入してくる際に放送する、「危険ですからお下がり下さい」、高圧変電室に掲示してある、「危険につき、近寄るな」、崖ぶちに掲示してある、「危険に付きこれより立入るべからず」といった意味の危険です。むしろリスク（risk）、ハザード（hazard）、ペリル（peril）が類似語です。

4-5　リーダーシップと権限・責任

　昇任するに伴い、職務上の権限と責任の度合が増大します。部下集団に及ぼす影響も大きくなるだけに与えられた職務上の権限や責任がしっかりと果たしているか、組織の上に胡坐をかき部下任せにしていないか、自ら点検する必要があります。

　半藤一利は、『指揮官と参謀』（文春文庫）という著書で、次のように述べています。

　「昭和三年にできた「統帥綱領」に「軍隊指揮ノ消長ハ指揮官ノ威徳ニカカル。 苟 モ将ニ将タル者ハ高邁ノ品性、公明ノ資質及ビ無限ノ包容力ヲ具エ、賢確ノ意志、卓越ノ識見及ビ非凡ノ洞察力ニヨリ衆望帰向ノ中枢、全軍仰慕ノ中心タラザルベカラズ」と有難いことがならべられているだけで、要は威徳（威厳と人徳）をもつことに最重点がおかれていた。結果は、太平洋戦争の指揮官をあえて分類すれば、ⅰ権限を行使せず責任もとらず、ⅱ権限を行使せず責任はとる、ⅲ権限は行使するが責任はとらない、ⅳ権限も行使するし責任もとる、の四通りにわけられる。しかし残念なことに、多く共通しているのはⅰとⅱであり、参謀長

や参謀の意見具申に大きくうなずくだけの指揮官が多かった、といっていい。」（p.5）

　戦時中、私は小学生でしたが、東京大空襲で九死に一生を得ました。この本を読むまでは、軍部の上級指揮官は、最善を尽くして強いリーダーシップを発揮していたにもかかわらず戦争に負けたのだ、と思っていました。
　ところが、実態はそうではなかったようです。
　『昭和天皇独白録』（文春文庫）には敗戦の要因に四つあるとして、「①兵法の研究が不十分であった事、②余りに精神に重きを置き過ぎて科学の力を軽視した事、③陸海軍の不一致、④常識ある主脳者の存在しなかった事。」（p.99）を挙げています。
　半藤一利が指摘するように、太平洋戦争で多くの指揮官が、ⅰ権限を行使せず責任もとらず、ⅱ権限を行使せず責任はとる指揮官で、参謀長や参謀の意見具申にうなずくだけの指揮官であったとすれば、戦争に負けるのは当然で、国家、国民にとって最大の悲劇であったのです。
　今は戦争のない平和な時代になりましたが、一部の人とはいえ、官僚、政治家、検事、裁判官、教師、企業経営者等の不祥事が目立ちます。エイズ、Ｃ型肝炎、アスベスト、年金問題等、権限を行使せず、責任を負わない指導的立場にある人に対し、マスコミや国民の厳しい批判が相次いでいます。ここに共通するのは、リーダーとしての理不尽な行為が目立ちます。
　事件、不祥事が表面化すると「部下がやったことで、私は知らなかった」といった、情報が知らされず、自分には責任が無いかの如く頭を下げます。
　事故や不祥事を防ぐにはどうすればよいか、私には明快に答えるだけの能力はありませんが、思うに、リーダー（指導者）としての倫理・道徳観、教養、マネジメント、リスク管理等について基本的なことが欠けているように思います。

4-6　リスクを把握し、危機管理の考えを持って行動せよ

　昔から「転ばぬ先の杖」と言います。杖は転ばないための安全を確保してくれるものです。しかし杖が折れれば、転んでけがをすることもあります。このため、万一、第一の安全確保に失敗したならば、第二の手段で安全を確保することが重要です。このことを「フェイル・セーフ（fail-safe）の原則」といいます。失敗した際に、次の手段で安全を確保するバックアップ体制のことを言います。

　消防の業務は、災害に対する危険管理、危機管理の仕事をしているだけに、常に、リスク把握、リスク管理の考えを取り入れて対応する必要があります。

　私の失敗談でお話をしたように、バケツ一杯の水で消火に失敗しても、あらかじめホースを延長しておけば、窓ガラスを壊しバックドラフト現象が起っても、直ちに消火活動や人命救助を迅速に行うことができたはずです。

　災害現場では、常に科学的・合理的に判断して、指揮をとり行動することが、リーダーに求められます。

　どんな仕事でも、有能な人間になるには次の三つが欠かせない。それはもって生まれた才覚、それを磨く努力と勉強、そして行動力だ。ビジネスでは、頭を使い、情熱をもって実践していくことが唯一の成功秘訣だ。自分の「使命」は何かを常に胸に、一日一日に工夫を重ねて生きていけば、残りの人生はその分だけ必ずすばらしいものになる。

（S．スマイルズ）

第二編　部下指導

第5章　指導者の資質

5-1　指導力（リーダーシップ）の自己診断

「なんじ自身を知れ！」と言います。

　幹部として、どの程度の指導力があるかについて、自らの力を正しく知る必要があります。

　同僚、上司が、リーダーとして、どのようなリーダーシップを発揮しているかについて知ることは比較的、容易なことです。しかし、自分自身のことになると、なかなか難しく自ら甘く評価しがちです。

　自らの指導力のなさを棚にあげて、部下の理解力が足りないといって嘆くようでは、よきリーダーとはいえません。

　そこでリーダーとして自己診断を行い、弱い点があれば少しでも努力をして能力を高めることが必要です。

　自己診断を行うために、表5-1を用意しました。設問にしたがって該当する欄に〇印を付けて下さい。

表5−1　指導力（リーダーシップ）の自己評価表

	評　価　内　容	A	B	C
1	前例、慣習だけにとらわれないでものごとを判断する			
2	改革の必要性があれば、勇気をもって改善する能力			
3	創造性があり、興味と関心を持って開発を試みる			
4	長期展望型のビジョンをもって、あるべき姿を考える			
5	命令されて疑問があれば、何か、なぜかを聞く			
6	命令されたならば、そのまま受け入れないでよく考える			
7	現状の組織体制に問題があれば、意見提言を行う			
8	改善、改革に興味と関心がある			
9	部下を鼓舞し、士気を高めるように努める			
10	長期展望型というよりは短期展望型である			
11	使命感、責任感、情熱、強い精神力がある			
12	不可能にみえても、可能にする研究心、行動力がある			
13	倫理・道徳感、誠実さ、謙虚さがある			
14	探究心、人間形成、読書等、自己啓発に努めている			
15	部下の手本となる行為、行動力、人間的魅力がある			
16	部下や他の人を思いやる気持ち、心がある			
17	単なる管理・監督ではなく、経営的な管理能力がある			
18	部下の能力を向上させるための啓発力がある			
19	示す目標に対し多くの部下は、信頼を寄せ協力してくれる			
20	国際的な視野でものごとをみる			
21	目標管理のもとに部下を掌握し、部下の能力向上に努めている			
22	社会公共のために何をなすべきか、自問自答し行政に反映するように努める			
23	孤立しても挫けることなく信念を押し通す			
24	リスクに挑戦する勇気がある			

（注）　＊　該当する ABC のいずれかに〇印をつけなさい。
　　　　＊　A は優れている、B は普通、C はやや劣る
　　　　＊　A が多ければ、リーダーシップ（指導力）型のタイプ
　　　　＊　B が多ければ管理（監督）型タイプ
　　　　＊　C が多ければ、リーダーシップ型、管理型のいずれかに向けて努力する必要がある。
　　　　＊　この自己評価表は、概括的に評価したもので絶対ではありません。

5-2　事例にみるよくない上司の例（あるアンケート調査から）

　ある消防研修で、ＫＪ法による「悪い上司（リーダー）」を事例に挙げ、どのようなタイプのリーダーが、部下からみて悪い上司なのか、参考までに挙げてもらいました。

　あなた自身、これらの項目に該当する項目がなければ、かなり優秀なリーダーであると思われます。

優柔不断

　○　問題を処理する際に、自分の意見はなかなか言わない。このため結論が出せず、仕事を先送りした。

　○　決断や指示がにぶいため、統一ある活動に支障が生じた。例えば、災害現場で迅速な意思決定ができず、災害活動に支障が生じた。

上司にゴマをする

　○　上司に気に入られようとして、上司の気に入ることを優先する。ゴマすりに専念し、部下には厳しいことを言うので、職場の士気が低下した。

規律の欠如・言動の不一致

　○　仕事や訓練は一生懸命に行うが、勤務が終わり、みんなで一杯やると、次の日は、必ず遅れて出勤し酒臭い匂いをさせる。午前中は仕事に支障をきたし、職場の士気が低下した。

　○　リーダーがギャンブルにこって、勤務中にレースの新聞を見ている。競輪の話になると訓練中でも、話が脱線してしまう。

　○　部下には何かときめ細かな注意を与えるが、リーダーは平気で遅刻をしたり、言うこと為すこと言動が一致しない。仕事の進め方にしても、その日その日によって変わる。部下からみて、上司が何を考えて

いるのか、さっぱり分からなかった。

仕事を丸抱えして、部下に仕事を任せない

○　一人で忙しい、忙しいと言っては頭を抱えている。率先垂範と言いながら、これでは部下が育たず能率も上がらないと思った。

家庭のトラブルを職場に持ち込む

○　家庭内にゴタゴタがあるのか、出勤しても不愉快な顔をして、部下とは、ほとんど口をきくことがなかった。

無責任、自己啓発の欠如

○　リーダー（中隊長）として、担当する事務は一応処理するが、煩雑な事務になると知らぬ振りをした。

○　予防担当の監督者になったが、予防事務の経験がない。自ら積極的に勉強する意欲がない。経験がないことを平気で口に出すので、部下との信頼関係がなかった。

○　訓練計画をたてる際には、何かと意見を言い文句をつけるが、いざ当日になると休暇をとる。年間計画であらかじめ定めてあるのに当日になると休んでしまう。このため部下から信頼されなくなった。

○　リーダー（中隊長）は、肥満のためか、部下と一緒に体力錬成をしたがらない。隊員が訓練を行うように申し入れても聞き入れない。小隊長が申し入れたら、ようやく実施をしたが、以後、リーダーと小隊長の関係が悪くなった。

○　部下から相談をもちかけられても、軽く聞き流し何の反応も示さない。このため部下は、リーダーに対し信頼しないし、相談もしない。

○　リーダーは、いつも黙々と仕事をするが、部下からつまらぬ人間だと思われている。

自己本位・協調性・統率力の欠如

○　会議に出席すると、人の意見を抑え、自分の意見を強引に押し通す。このため他の協力が得られず、仕事もうまく進まなかった。

○　アルコールは自分の体質にあわないといって、個人的な付きあいはいっさいしない。春の旅行にも参加しない。賄い費が高いといって、夕食は部下と一緒にしないで、持参した弁当を一人で食べていた。

部下を差別する

○　部下を単なる作業員にしかみていない。一方的に命令し、仕事についての事前説明がない。このため部下は理解しないで仕事をするので、やり直しが多く仕事の能率も上がらなかった。

○　部下に対する好き嫌いが激しい。B消防士は、このようなリーダー（中隊長）に不満をもち、勤務時間外は、努めて上司を避けるようになった。このためリーダーは、B消防士を毛嫌いするようになり、両者の人間関係は、ますます悪くなった。

○　リーダーに話しかけても正面から応じてくれない。返事をしても仕事をしながら気のない返事をする。部下に対する態度が悪いので、部下の評判はすこぶる悪かった。

○　その日その日の気分で言うことが変わる。自分の趣味のあう部下だけを可愛がった。部下の人格を無視し、勝手なことを言い、仕事をしないで威張っていた。

○　同僚や上司との協調は図るが、部下には、指示・命令をするだけで、非番日に部下と一緒に親睦を図ることもしない。職場内は、司令補以上と士長以下に二分し、上下の意思疎通もなく士気が上がらなかった。

問題処理能力の不足

○　小さな問題が生じると「困った！　困った！」といっては愚痴をこぼした。問題をどのようにして解決したらよいか、自ら判断し処理することができず、部下、同僚、上司に相談もしなかった。

○　一つの行事を行う際に、他の係との調整を行わず、非協力的であった。このため円滑に仕事を処理することができなかった。

次にかかげる図（図5-1、図5-2）は、ある民間事業所の調査によるものです。

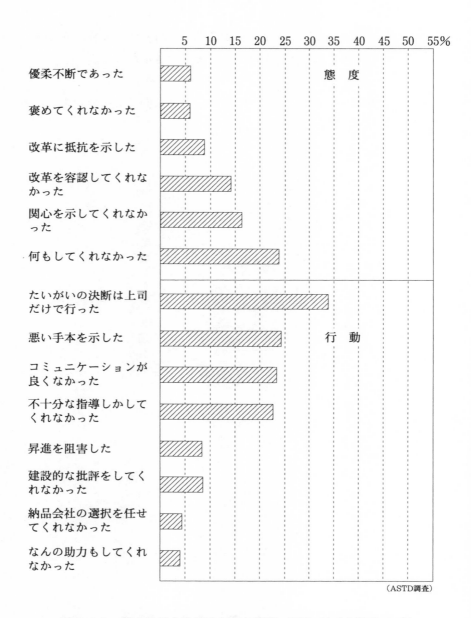

図5-1 能力伸長を妨げる上司の態度・行動（ある事業所の調査）

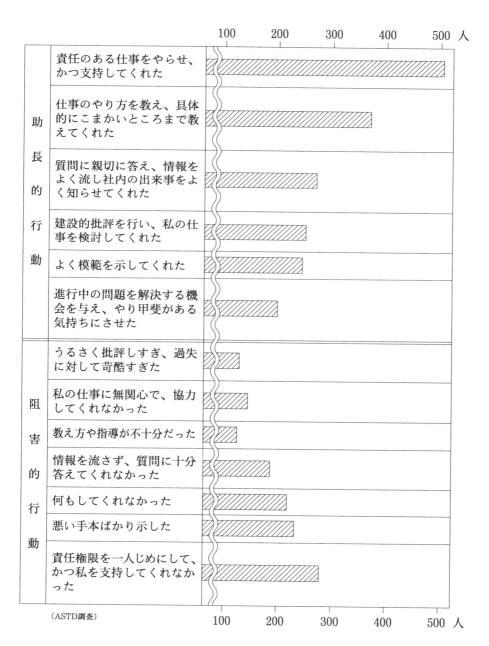

図5-2　部下の育成を助長する管理行動と阻害する管理行動（ある事業所の調査）

5-3　自己啓発の重要性

　幹部になれば自己啓発が重要です。昇任試験に合格し昇任すると、安心するのか自己啓発を怠りがちです。自己啓発とは、「自分で自分の能力をひらき、向上させる営み」（『ベネット表現・読解国語辞典』）をいいます。有能な幹部を目指すには、日々新たなる気持ちで自己啓発に努める必要があります。

　仕事のできる人は、遊ぶのも上手です。趣味や遊びを通じて話題も広く、人間としての魅力、教養があります。「魅力ある人」とは、人の気持ちを引きつける人のことをいいます。人の気持ちを引きつけるには、その人のもつ人柄、知識、能力、人への気配り、趣味、行動力、コモンセンス、ユーモア、決断力、実行力等、その人のもつ全体的な人柄（人の品格、性質）を指すものと思われます。魅力ある幹部とはどのような人を指すのか、具体的に定義することはなかなか難しいと思いますが、私は次のような人をいうのではないかと思います。

* 統率力がある。
* 計画性があり、できることはすぐに実行する。
* 将来へのビジョンがあり、野心家である。
* 部下への思いやりがある。
* 部下の長所、短所を的確に把握し指導力がある。
* 上下のへだたりを感じさせない。
* 部下の意見をよく聞き、よい意見を積極的に取り入れる。
* 判断力がよい。
* 太っ腹で、部下に任せるところは思いきって任せ、細かいことは言わない。
* 部下をいたわり、自由な雰囲気づくりをする。
* 部下の不平や不満をなくすために努力する。
* 職場の規律を自ら守り、他を守らせる。

＊　人間関係を大事にする。親しみがもてる。多くの人間関係をもっている。

＊　倫理感、教養があり、趣味をもち人生を楽しむ。

5-4　自己啓発のための目標をもて

「あなたは、何ができますか？」が問われる能力主義の時代を迎えています。

民間企業では、これまでの経験主義や年功序列の人事管理から、専門性や能力主義に着目した人事管理へと急速に転換しています。

公務員社会も早晩、このような変革の波が押し寄せてくることが予想されます。そのときになって、組織を恨み、組織は自分に何もしてくれなかったといって不満をもつようではいけません。

自ら「何ができるか」について真剣に考え、自らの能力開発に努めることが何よりも重要です。

現代社会は、急激に専門化社会、能力主義の社会へと変革しています。消防はプロといいますが、プロという意味について、今一度、深く考えてみる必要があります。

今日の消防は、火災、救急、予防、防災教育、危険物等、あらゆる分野に精通し高度の専門性をもつことは、たいへん難しくなっています。

消防に勤務したとしてもせいぜい30年から40数年です。この間、転勤により職務が変わるとなると、消防の知識、技能も広く浅くなりプロの名に値するのかどうか考えてみる必要があります。

専門分化が進んでいるアメリカの消防幹部と話をすると、プロの重要性を痛感します。

グローバル化が進むなかで、日本の国内で通じるプロではなく国際社会に通じるプロでなければならないと考えます。

　自己啓発は、ただ漫然と努力をしても効果は上がりません。目的意識を持ち計画的に努力をすることが能力を高めるための唯一の早道です。昇任するに伴い部下の数が増え、責任が重くなります。組織内や外部の人との付き合いが多くなります。幹部研修の場や研修の時間も少なくなるので、どうしても自己啓発が必要です。時間があるときに本を読めばよいでは能力の向上は望めません。1日24時間をどう配分するか、創意工夫して自己啓発に必要な時間を生みだすことが重要です。一寸した創意工夫で、自己啓発に必要な時間を生み出すことは可能です。自己啓発の目標は、

　　○　人格や職務知識・技能の向上、
　　○　リーダーシップ、
　　○　経営管理、
　　○　監督能力等を高めるために努力すること

です。日々の僅かな時間でも継続することによって、大きな力となります。

5-5　本を読み、知識・情報・教養を高めよ

　テレビや漫画ブーム等、映像文化が急激に進むなかで、本を読む人が少なくなったといわれています。

　本を読むことは、自らの人生観や世界観を広くもち、人間としての教養を高めるうえで重要です。

　漫画や週刊誌、時代小説、ミステリー等を数多く読むことも読書には違いありませんが、娯楽はともかく、人格や教養を高めるには、本を選び目標を定めて読むようにします。

　部下指導、人間関係、仕事の管理、情報管理、組織やリスク管理、マネジメント等に関する本や消防・防災等の専門書を広く読むことです。

　情報化が進むなかで、パソコンを通じて、自らのデーターバンクをもつことも重要です。

　質の高い情報をもち迅速・的確な判断ができる人は、組織にとって存在

感のある必要な人材となります。

　さらに重要なことは、自己啓発を通じて人格を高め、教養豊かな人柄をもつことです。

　幹部は、最終的には人柄によって決まるからです。

　古今東西を問わず著名な人の本を、数多く読むことも必要なことです。書道、俳句、短歌、絵画、音楽、写真、スポーツ等、何でもよいから趣味をもつように心がけたいものです。

　いろいろな人々との交流によって、自らの世界観を広め心を豊かにすることは大事なことです。

　「人生80〜90年」といわれる現代社会にあっては、現職のときからストレスをためない、酒、タバコ等、自らの健康管理に努めることが大事です。

　健康、仕事、趣味、よき家族、よき人間関係をもって明朗で快活な生活に努めることが、幹部としての基本です。部下に対しこのことの重要性について指導することも必要なことです。

* 　経営管理、教育訓練、災害リスク等の本を読む。
* 　教養を高めるための本を読む。
* 　パソコン等を活用して情報の収集・管理に努める。
* 　創造性をもつように努める。
* 　問題意識をもち、建設的な意見が述べられるように努める。
* 　品位を高める（言葉遣い、服装、清潔さ、マナー、謙譲の精神、思いやる気持ち等）。

5-6　習慣づけることの重要性

「継続は力なり」といいます。毎日、本を読むようにします。継続して行うには、強い信念と努力が必要です。

人間の行動科学で有名なウイリアム・ジェームスは、「何かを毎日やって、30日間続ければ習慣になる」と述べています。

蓄電池は、充電しなければ使えなくなります。人も同じで充電しないで放電ばかりしていると、いつしか話題もなくなり、同じことの繰り返しになります。

部下から「また例のオハコが始まった！」といって、陰口をたたかれます。日々新たな気持ちで努力しないと、マンネリ化し、人間としての魅力を失うことになります。

最近は、新しい知識をもち、パソコンを自由に使いこなすことのできるレベルの高い新任消防士が入ってくるようになりました。過去の経験談を自慢げに話をするだけでは、若い部下はついてはきません。

リーダーとしての、新しい知識や情報をもち、自らの判断や考えをもつには、常に自己啓発を行い、能力を高めるために努力をしないと、部下に追い越されてしまいます。

5-7　「時間がない」では理由にならない

「本を読みたいのだが、なんせ忙しくてね。本を読む時間と暇がないんだ〜」といって、こぼす人がいます。本当に時間がないのでしょうか？

このような人は、人との付きあいが良すぎるのです。飲み会、ゴルフ、釣り、マージャン等、すべての誘いに100％応じていれば、時間とお金がいくらあっても足りません。

神様は、人間一人ひとりに等しく、一日、24時間与えて下さいました。

限られた時間をどのように上手に使うかは、一人ひとりの知恵と判断に任
されています。時間の使い方をよく考えて適正に配分する必要があります。
　往復の通勤、職場の休憩、休日の散歩の時間等、ちょっとした工夫で、
時間は容易に生み出すことができるものです。
　時間管理は受け身で考えるのではなく、限られた一日24時間をどう配分
すべきか、自ら積極的、能動的に管理すべきものです。

5-8　能力開発に厳しさをもて

　ちょっとした創意工夫や日々の努力で、思わぬところで、大きな力を発
揮するものです。なにごとも、忍耐強く、継続して実践することが新たな
力を生み出す源泉だといえます。
　仕事の成果は、性急に求めてはいけません。常に「自らは努力！評価は
他人！」をモットーにして努力すべきです。
　自ら努力を続ければ、上司や部下は黙って評価をしてくれるものです。
よい評価が得られないために、不満をもつことは愚かなことで、自らの努
力が足りないのだ、と考えるべきです。評価を得たいがために、あれこれ
と画策することも見苦しいことです。

　「金！　金！　金！」といって、お金を追い求めると、お金はドンドン
逃げて行きます。
　お金に執着しないで、よい仕事をするために懸命に努力すれば、お金は、
後からついてきます。
　自分は、こんなに努力しているのに、人は良い評価をしてくれないと焦
ると、かえって自ら不満を感じ、周囲からもひんしゅくをかいます。
　何事も「力まず」「あせらず」「ひるまず」をモットーに、ひたすら誠意
をもって自ら定めた目標に向けて努力をすれば、必ず良い結果が生まれて
くるものです。

第6章　部下指導と職場の士気

　リーダーには、やるべきことがいろいろあります。次の13項目は、リーダーシップを発揮するうえで重要です。

6-1　職場の士気を診断する

　部下を指導するには、「士気の高い職場か」、「士気の低い職場か」正しく把握することが必要です。
　一般に、士気旺盛な職場では、幹部が一つ一つ細かに指示をしなくても、方針さえ示せば、あとは部下が業務を分担し、自主的に仕事の段取りを考えて推進するものです。
　幹部が細かいところまで立ち入り過ぎると、かえって部下は煩わしく思い、やる気をなくしてしまうからです。
　士気の低い職場は、一人一人が積極的に仕事を推進しようとする意欲が希薄です。何ごとも上から指示されないと動こうとはしません。
　このような職場では、幹部は独裁型のリーダーシップを発揮する必要があります。部下の自主性に任せるのではなく、進んできめ細かな指示を与え、先導するようにします。
　職場の士気が高いか低いかは、まず職場の士気や部下集団の職務意欲、人間関係の状況について、把握する必要があります。

6-2　部下の欲求を正しく把握する

　部下が何を求めているか、正しく把握することが重要です。このことを知らずして、一方的に指導をしてみても効果は期待できません。
　マズローは、人間の欲求には、「生理的欲求」、「安全欲求」、「社会的欲求」、「自尊の欲求」、「自己実現の欲求」の欲求五段階説を主張しました。
　衣食住についての「生理的欲求」が満たされると、次に「安全欲求」が生じ、安全が確保されると、人間は社会的存在だから社会に受け入れられたい、組織や集団に属したいという「社会的欲求」が生じます。

　社会的欲求が満たされると、次に他人から尊敬を得たいとする「自尊の欲求」が生じます。

　自尊の欲求が満たされると、自己の潜在能力を最大限に発揮したいという「自己実現の欲求」が生じるというのです。

　人は誰でも状況に応じて、段階的に欲求を求めるのが、マズローの「欲求段階説」です。

　部下は、基本的にはマズローのいう段階的な欲求をもつものと思われますが、年齢の違い、単身者、所帯持ち、経済力の違い等、現代のように価値観が多様化している社会では、個々の欲求も多様化するものと考えます。

　したがって、部下の欲求や心理について理解して、指導に当たることが仕事の成果を高めるうえで重要です。

6-3　目標を管理する

　幹部は、自らの仕事を進めるとともに、部下に対し方針や目標を明確に示し、仕事を計画的に推進する責任があります。このことを目標管理といいます。

　具体的には、目標を計画し、実施し、実施した結果を検討し、改善すべき点があれば、次の計画に反映させることをいいます。

　例えば、災害活動は、事前の計画に基づいて行われますが、消火活動や人命救助を行った結果について検討を行い、改善すべき点があれば、事前の計画に折り込む等、目標管理の徹底を図る必要があります。

　日常の仕事は、すべて計画化（訓練、資機材整備、事務処理等）し、部下に仕事を配分する等、目標管理のもとに仕事を進めるようにします。

6-4　計画の策定に部下を参画させる

　組織が示す方針や施策を具体化するには、幹部は、自ら単独で計画を策定するのではなく、できる限り部下を参画させ意見を述べさせ、計画を策

定することが必要です。

　計画策定の段階から部下の参画を求めることは、部下にも責任の一端を担っていることを認識させるうえで重要です。

6-5　計画を変更するときは、事前に部下に説明し理解を得る

　よくある話ですが、計画に基づいて実施をしたものの、途中で計画を変更しなければならないことがあります。

　計画を変更する際に、事前に部下によく説明しないで、上から一方的に変更したのだから、ただ「やれ！」では、部下の士気も低下してしまいます。

　部下にとって事前の説明なしに計画の変更を命じられることは、上司のご都合主義によるものと判断されやすく、「いつ、また変更を命じられないとも限らないので、適当にやればいい」といった安易な気持ちを抱かせることになります。

　計画を変更する必要があれば、事前に変更の理由について十分に説明し、理解を得るようにします。

6-6　仕事の成果を正しく評価する

　汗を流して仕事をすれば、結果はともかく、「ご苦労さん、たいへんだったね」といって、部下を労（ねぎら）います。このことはたいへん重要なことです。しかし、それにも増して大事なことは、「仕事の成果に対する確認」です。ともすると仕事の成果を正しく確認することが省略されてしまい、部下の労力の提供に労をねぎらい、終りにしてしまうことが少なくないのです。

　小・中隊の訓練、隊員の個別訓練は、ただ漫然と行うのは意味がありません。隊としての、隊員一人一人の訓練到達目標を明確にしたうえで実施し、その結果について正しく評価することが重要です。

　例えば、新人の消防士を訓練するときは、優秀な一人前の消防士が、到

達できる目標到達点を設定して、個々の隊員の能力に応じて段階的に能力
の向上を目指すことが重要です。毎回、実施した結果について正しく評価
し、不十分な点があれば指導し、隊員の能力の向上に努めるようにします。

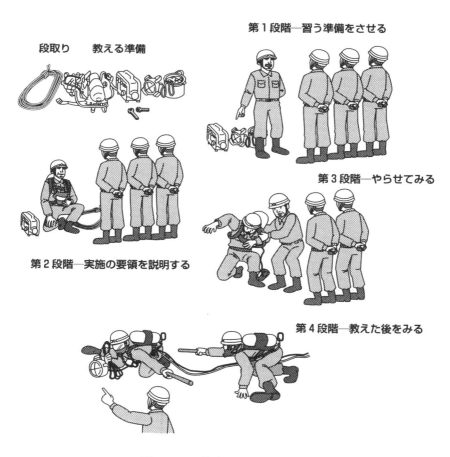

図6-1　教育訓練と指導者

6-7 コミュニケーションに努める

　仕事を通じて、上司、同僚、部下との相互のコミュニケーションを図ることは、たいへん重要なことです。

　消防は階級制度を取り入れているので、とかく上意下達でものごとを処理しがちです。

　上からの一方的な指示によりものごとを処理すれば、表面上はうまく機能しているかにみえても、実態は、上下の意思の疎通が十分でないので、部下は不平・不満の気持ちを抱く場合が少なくないのです。このためコミュニケーションの重要性について、よく理解する必要があります。

　コミュニケーションは、片方だけで成立するものではありません。大きな声を張り上げて部下を指導しているかにみえても、部下が、聞く耳をもたなければ、単なる音を発しているに過ぎないのです。

　部下は「何に関心をもっているのか」、「何を期待しているのか」について理解し、コミュニケーションをもつことが必要です。

　話をした結果、部下がどのように受け止め、理解してくれたかを知らないようでは、部下とのコミュニケーションが成立したとはいえないのです。

　仕事の成果を上げるには、リーダーと部下との共通の認識（コンセンサス）が必要です。

　コミュニケーションは、自らの考えや問題に対する考えを、言葉を通じて相手に伝えることによって成立するのです。ですからコミュニケーションは、「知覚であり」「期待であり」「要求である」とも言われます。

* 　知覚とは、コミュニケーションを行う者が、相手は何を見ているかについて知ること
* 　期待とは、相手が、見たい、知りたい、聞きたい、行動したいことについて知ること
* 　要求とは、コミュニケーションを行う者が、相手に対し、見てほしい、行動してほしい、聞いてほしい等を求めること

　以上の三つのことをよく理解したうえで、コミュニケーションを図るようにします。

6-8　部下にやる気を起こさせるには

　部下にやる気を起こさせるには、部下の気持ちを理解することが必要です。

　消防は階級制度の社会ですから、部下に命令さえすれば簡単に動くと、安易に考えやすいのですが、決してそうではありません。指示すれば部下は確かに動いてくれるでしょう。しかし、本気で仕事をしてくれなければ、満足すべき成果を上げることは難しいのです。

　指示されて仕方なくやるのと、やる気を出して行うのでは、結果において大きな違いが生じます。部下の欲求を的確に把握し、適切に対応することによってはじめて、部下から積極的な支援と協力が得られるのです。

　仕事を計画し実施するには、あらかじめ目的について納得のいく説明が必要です。一方的に、「上で決め、文句をいわずにやればいいのだ」、では部下のやる気は半減します。

　部下に信頼の気持ちを抱かせるには、部下を機械や道具として扱うので

はなく、部下の気持ちを十分に理解し、仕事がしやすいように配慮することが必要です。

6-9　まず褒めてから指導せよ

良い点を先に褒めるより、欠点を先に指摘しがちです。しかし人は誰でも、真っ先に耳の痛いことを言われれば、反発し、面白くない気持ちを抱きます。まず褒めてから指導するようにすると、相手の気持ちも和み、こちらの言い分を素直に聞き入れてくれやすいのです。

6-10　完璧主義に陥るな

誤りのない仕事をすることは重要です。かつて日本が高度経済成長の頃、生産性向上の一環としてアメリカで始まったノーディフェクト（no defect）運動が、日本の企業でも取り入れられ、無欠点運動として産業界を中心に活発な運動が展開されたことがありました。

私は、公務能率の観点から仕事を推進するうえで重要と考え、提言し、自ら実践を試みました。しかし、結果は効果が得られませんでした。

人工衛星のような宇宙ロケットであれば、欠点のない完璧なものを作らなければなりませんが、日常の業務には、完全無欠な仕事を求めるだけでは仕事が円滑に進まない場合が少なくないのです。

多くの仕事は、要件さえ満たせば、十分に通用する場合が少なくないのです。

この点を履き違えて、すべて完璧主義でものごとを貫徹しようとすると何度も仕事のやりなおしを命じ、思うように仕事が進まなくなります。また部下との人間関係もギスギスした関係になりがちです。

計数処理の間違いや文章上の理論構成が間違っている場合はともかく、ものの見方や考え方、表現方法には、いろいろなアプローチの仕方や選択肢があります。

　幹部が考えている「完全な仕事」のイメージと、部下が考えているイメージとは、必ずしも一致するものではありません。

　一応の目的の範囲内であれば、大局的に判断し、大勢に影響がなければ、柔軟に対応し早く処理するようにします。

6-11　達成感、成長感をもたせよ

　「最近の君の事務処理は正確で、能率的で、随分進歩したね……」と言われて、不快な気持ちを抱く部下はいないでしょう。

　人は誰でも努力することによって成長します。部下の努力した成果に対して、部下を正しく評価し、励ますことは、大きな励みと自信をもたせ、向上心への動機づけとなります。

　リーダーは、平素から部下が行う、予防、総務、会計等の事務処理、災害活動、訓練等について、成長過程を記録し必要に応じて部下に知らしめることが必要です。

　しかし、成長が認められないのに、お世辞を言うのは良くないことです。部下は、本当にそう思って言ってくれているのか、単なるお世辞かは、本人が一番よく知っているからです。

6-12　指導をしたら効果確認を忘れずに

　よくあることですが、部下を指導しても、結果の確認をしないことがあります。指導したならば、指導の結果がどうであったか把握する必要があります。

- ・結果が思わしくなければ、自らの指導方法や仕事の命じ方に問題がなかったか？
- ・本人の努力が足りないのか？
- ・計画のたて方、仕事の配分の仕方、責任の所在が明確でなかったか？

等について、よく確認するようにします。

6-13　指導力と専門性

　教育訓練は、より効果の上がる方法で実施するようにします。

　課や係、中隊、小隊を問わず、専門的な知識・技能をもった人材を選び、協力を求めるようにします。

　セクト主義にとらわれると、限られた範囲での教育しかできないので、効果が上がりません。

　このため上司とよく相談して係・課、小隊・中隊を超えて、広く職場内（外部を含め）の有能な人材を活用する体制が必要です。

　上司を上手に使うことも、リーダーの重要な役目です。小さく小さく考えないで、より大きな視野で他の人の協力を得て、部下を指導することが重要です。

第7章　事例研究
リーダーシップと部下指導

　リーダーシップは、単なる理屈や理論だけで成り立つものではありません。多くの事例や実務を通じて実践し、自らのリーダーシップを高めることが必要です。現実の問題を処理するには、数多くの事例を通じて研究し、リーダーシップに関する教本を読み、理論を学ぶことにあります。

　第7章では、事例を通じて問題をどのようにして解決したらよいかについて学ぶことにします。

　事例に対する解決策として、筆者の見解を述べましたが、あくまでも筆者の考えであり、問題解決の糸口には、他にもいろいろあるものと思われます。

　また、事例の問いを読んだならその時点（答えを読む前に）で、問題を解決するにはどうすればよいか？あなた自身の解答が出せるように努めて下さい。

事例 1　コミュニケーションのない二つのグループ

　　○○課Y係長には、A司令補（35歳）、B司令補（41歳）、C士長（30歳）、D副士長（28歳）、E消防士（22歳）の5人の部下がいます。

　　A、B、Cは、昼食や残業など、常に行動を共にし、休暇も一緒にとることがあります。A・B・Cの3人は一つのグループをつくっています。

　　一方、D、Eの若い2人は、共に行動しているので二つのグループは、互いに交流しあうことがありません。

　　また、B司令補、C士長は、歓送迎会に出席しても酒が飲めないことを理由に、すぐに帰ってしまいます。このため係全体の人間関係がバラバラで、まとまりがなく、士気も上がりません。

　　このような係の人間関係をよくするには、あなたの立場からみてどのように対処しますか？

問題点

　係全体をまとめるY係長のリーダーとしての役割が大きいのですが、Y係長にはその自覚がないようです。たとえば監督的立場にあるA、Bの司令補に同じ日に休暇をとらせるのは問題ですし、若手のD、Eの指導も十分ではないようです。

　係の中に二つのグループができて、人間関係が二分していることは士気にも影響します。このような状態を放置しているY係長にも責任があります。

　2名の司令補（A、B）はC、D、Eの上司であり、指導的な立場にあります。しかし二人はC士長と共に独自の行動をとるようでは、係内の人間関係や信頼関係も希薄になり、D、Eに疎外感を抱かせるのは当然です。とくにB司令補は、歓送迎会に出席しても途中で帰る等、幹部としてのエチケットに欠けます。せめて会が終了するまでは、部下と和やかに話をす

ることも、幹部としての努めだと考えます。

（対　策）

　Y係長は、部下の日常の行動に関心をもてば、2人の司令補、士長の行動が適切でないことに気づくはずです。見て見ぬ振りをしているのかもしれません。

　消防士、副士長は日常業務の中で、具体的な支障が起こらない限り、上司に相談することもないと割り切っているのかも知れません。また、上司である司令補を越えて、直接、係長に人間関係の改善を図るように話をすることも勇気の要ることです。

　このような職場は、職場全体が沈滞化しマンネリ化し活力ある職場にはなりません。管理・監督者である課長、係長が、部下の行動や人間関係に関心をもたずに放置しているからです。これでは若手の部下指導はもちろんのこと、士気も上がらず、人間関係もよくなるはずがありません。

　この事例は、部下指導に重要な立場にある係長、司令補に起因しているだけに、改善することは、なかなか難しい問題です。

　このようなマンネリ化した職場では、上級幹部は職場内のよき人間関係を醸成するための職場教育や幹部に対するリーダーシップの重要性について、再教育する必要があると考えます。

> **事例 2**　**トイレの故障は、俺の責任じゃ～ない**
>
> 　ある消防署の話です。トイレの便器がつまって使用できなくなりました。署員は、俺の仕事じゃない、俺の責任ではないと考え、誰も手を出そうとはしませんでした。
>
> 　C司令補は、部下をトイレに集め、部下の見ている目の前で、黙々と一人で修理を始めました。水洗トイレは、再び使えるようになりました。
>
> 　部下には、お説教じみたことはいっさい口にしませんでした。このことがあってからは、トイレが故障すると、部下は、互いに率先して協力しあい修理をするようになりました。
>
> 　リーダーであるC司令補の行為について、あなたの意見を述べなさい。

コメント

　この事例は、不言実行、率先垂範型のリーダーシップを発揮した事例です。一般に、ものごとを処理する際には、部下に指示して行わせるのがリーダーとしての役割と考えやすいのですが、C司令補は、率先垂範型のリーダーシップを発揮したのです。

　部下が誰もいないところで、トイレの修理をしたのでは意味がありません。部下を目の前に立ち会わせ、黙って一人で実践したところに、C司令補の意図があったのです。部下はC司令補の行為に一斉に驚くとともに、注目したので

す。

　人の嫌がるトイレの修理を上司が率先して修理したところに、部下は感銘し、申し訳ないという気持ちを抱かせたのです。と同時に、自分達が使用するトイレの管理は、できることは自らの手で行うことを、強く認識させたのです。

　Ｃ司令補のリーダーとしての見識の高さを感じます。

　仮に、Ｃ司令補が、部下に対し「トイレが故障しているではないか、すぐに修理しておけ！」と指示すれば、「俺達の仕事じゃない。俺たちの責任じゃない」といって反発するか、しぶしぶ不満を抱きながら修理をしたのではないでしょうか。

　既に述べたことですが、経営学者、Ｊ.Ｋ.ガルスブレイスは、「リーダーシップとは、手本であり、……発言ではなく、行為によって判断すべき」だと述べています。Ｃ司令補の行為は、まさにガルスブレイスのいう「お手本」であったのです。

　多くの消防本部、消防署ではトイレの清掃は、昔とは異なり、外部に委託するようになりました。このため清掃や器具の故障は、自分達の仕事ではないと考える人が多くなりました。しかし、状況によっては、清掃や簡単な器具の修理は、臨機応変に自らの手で行うことも必要と思われます。

事例3　俺は先に寝る、あとは頼んだぜ～

　　D司令補は、部下であるE士長、F士長の2名に、翌日の会議で使う資料の印刷を指示しました。D司令補は23時になると、部下に「あとは、よろしく頼む！」といって先に就寝しました。

　　部下は夜中までかかって、ようやく仕事を終了させ、就寝しました。あなたの考え方は次のア～ウのどれにあてはまりますか。また、D司令補の行為について、あなたの考えを述べなさい。

　ア　仕事を部下に任せたのだから、部下の責任で行わせるのが当
　　　然で、先に就寝しても、なんら問題はない。
　イ　部下と一緒に仕事を完成させ、内容を確認し、間違いがなけ
　　　れば就寝する。
　ウ　部下の仕事は手伝わないで、印刷作業が終わるのを待って、
　　　就寝し、印刷物のチェックは翌朝に行うようにする。

コメント

　筆者は、イを選びます。

　夜中までかかって資料を印刷したのは、翌日の朝の会議に間に合わせる必要があったものと思われます。であれば、前日のうちに完成させ、必要部数、落丁の確認等のチェックをしておくべきです。

　部下に任せて先に就寝し、朝起きてからチェックをするとなると、部数の不足、印刷の不鮮明、ページの落丁等があれば、修正し、再度、印刷をやり直すことが考えられます。

　何事も余裕をもって処理することが必要です。その日のうちにできることは、その日のうちに完成させるようにします。部下と一緒に協力し、内容を確認し部下の労をねぎらい一緒に就寝すれば、リーダーとしての責任を果たしたことになるからです。

　部下への仕事の手助けは、仕事の内容や状況に応じて考えるべきです。本事例のように、緊急を要する場合は、一緒に仕事をして少しでも早く終了させる方が、部下との人間関係の絆も一層、強くなるものと思われます。

事例 4　目をはなせばサボル、仕事をさせればミスが多い部下には

　　A消防士は、新任配置から1年目を迎えました。勤務状況をみると、目をはなすとサボルし、仕事を命じるとミスが多い。事前に説明しても理解力が乏しく、行動力にも欠けます。

　　態度もあまりよくないので、Y司令補は、A消防士にいろいろと指導したのですが、最近は、指導の限界を感じるようになりました。

　　あなたが、Y司令補の立場であったなら、どのような指導を試みますか？

不足しているのは

　知識、技能、行動力、態度

指導の要領

　A消防士には、知識、技能、行動力、態度等、基本的なことが欠けています。目をはなすとサボルのは、他人が見ていても見ていなくても陰ひなたなく真摯に仕事をする真面目さに欠けます。

　職場道徳（倫理観）が欠如しているので、この点を強く指導する必要があります。

　仕事をさせるとミスが多いのは、仕事の基礎的知識や技能について、基本が欠けているように思われます。

　本人に対し再教育を行うには、責任者を指定する必要があります。また災害活動や訓練を行う際には、同様に責任者を指定して行動させ指導するようにします。

　同僚や上司のお荷物になるような職員は、どこの職場でも敬遠されます。このため人事異動に際して、できの悪い職員を他の署所に転勤させたがるものです。しかし、このような職員を転出させてタライ廻しをすれば、問題の解決になるどころか、受け入れた職場もたいへん迷惑することになり

ます。
　このような職員には、所属する職場で再教育して、少しでも能力を高め一人前の仕事ができるようにすることが、職場の管理・監督者の責務だといえます。

> **事例5** 理屈はいうが、現場で役に立たない部下には……
>
> 　B消防士は、色白で一見して秀才型のタイプです。仕事のこと、趣味の話になると、理屈だけは一人前です。しかし一人でやらせると、あわてて尻込みします。実際にやらせてみると、満足にできないことが多いのです。
>
> 　理屈だけを言う消防士は、災害現場では役に立たないので、D士長は、指導の方法について、いろいろと考えました。しかし、よい知恵がなかなか浮かびません。
>
> 　あなたが、このような部下をもったなら、どのような指導を試みますか。

不足しているのは

　技能、行動力、態度

指導の要領

　頭がよくきれる。何でもよく知っている。だが、「いざやってみよ！」と指示すると、あわてて尻込みをする。いわゆる青白きインテリと言われるような消防士には、行動力をもたせることが必要です。

　仕事を指示されたならすぐに行動に移るように仕向け、ものごとを早く処理する習慣を身につけさせます。

　理屈を言うより、すぐに行動に移す習慣をつけさせることです。本人が言う理屈と本人が実際に行った結果の違いを明確にさせ納得させることが唯一の方法と考えます。根気よく気長に、何度も繰り返しながら指導することが必要です。

事例 6　指導に従わない頑固な部下には……

　　D司令補の部下に、消防団事務を担当しているC副士長がいます。本人は、真面目で誠意をもって金銭出納処理を行うので、処理顚末も正確で、周囲からも信頼されています。

　　しかし、金銭出納簿の計数処理には誤りはないのですが、出納簿の仕訳や支出項目等には改善すべき点があります。

　　そこでD司令補は、本人に改善するよう再三再四指導しました。しかし本人は、「長い間、この方法で処理をしてきたが、問題になったことがないので、改める必要はない」と言って頑として聞き入れようとはしないのです。

　　このような部下に対して、あなたは、どのような指導が必要と考えますか？

不足しているのは

　知識、判断力、態度、客観的視野、リスクセンス

指導の要領

　C副士長は、金銭出納処理について絶対に誤りがないと、自らそう信じているところに問題があります。

　上司であるD司令補は、金銭出納処理には、1円の誤りもなく完璧であると信じてはいるものの、処理方法に問題があると判断して、改善を指導したものと思われます。

　慣習として行われてきた支出処理方法も、時代の変化に伴い、目的外支出ではないかと疑問視され易い処理方法は、リスクがあるので積極的に改善する必要があります。D司令補がリスクを感じ、改めるよう指導したのは、幹部として当然のことだと言えます。

　C副士長は、リスクのあることが理解できず、前例踏襲主義で良しと考

えているところに問題があります。
一つの事務を長く担当すると、
段々とマンネリ化し、時代の変化
や常識にうとくなり、リスクをリ
スクと感じなくなるのです。

　前例を踏襲し続け、頑固さが加
われば、組織にとって大きなリス
クとなります。

　このようなタイプの職員には、
事務処理についての再教育を行う
必要があります。どうしても指導
に従わなければ、職務の配置転換を行い、人事の刷新を図ることも必要で
す。

事例7　やる気のない部下をもったなら……

　D消防士は、勤続5年目になります。普通以上の能力がありながら、積極性がなく、仕事に対する熱意、意欲、行動力がありません。
　このようなタイプの部下には、どのような指導が必要ですか？

不足しているのは

　態度、行動力、意欲、情熱

指導の要領

　消防士になって1～2年くらいは、見ること聞くことすべてに興味・関心があり、緊張感をもって仕事をします。しかし、職務に慣れてくるに従い緊張感がなくなり、勤続5年目ともなると、仕事の内容も一応マスターし、毎日毎日の勤務が単調になり、マンネリ化現象が起ります。
　このような職員には、職務に対する不満、職場内の人間関係、家庭内のトラブル、心の悩み等、本人が置かれている状況について個人面接を行い、意欲に欠ける要因を見つけ出し、具体的な指導の方法を考えるようにします。

> **事例 8**　**やる気が満々でもミスの多い部下には……**
>
> 　E消防士は、明朗快活で同僚を笑わせるので、みんなの人気者です。仕事に対する熱意も旺盛で、何事にも積極的に行動します。
> 　しかし、時折、トンチンカンなことをするので、周囲の失笑をかうことがあります。
> 　このような部下には、どのような指導が必要ですか？

不足しているのは

　知識、技能、基本原則

指導の要領

　E消防士は、明朗快活、職場の人気者、仕事に対する熱意が旺盛、積極的に行動するといった点だけをとらえれば、誠に申し分のない素晴らしい職員だといえます。

　問題は、ときおりトンチンカンなことをして周囲の失笑をかうという点にあります。

　どのような点がトンチンカンなのか、内容がはっきりしませんが、重大なミスではないようです。しかし小さなことでも、大事に到ることもあるので、軽視してはなりません。

　このような職員に対しては、基本的な知識、技能について、正しく理解しているかどうか、もう一度、確認してみる必要があります。

　トンチンカンなことをしたときは、失笑だけで済ませないで、リーダーは、何が原因か正しく把握し、指導の要点を知る必要があります。

　知識、技能について理解していることと、実際に行った行為とのずれについて、正しく本人に理解させ、自信をもって行為、行動がとれるように指導することが必要です。

> ### 事例9　もの知りだが、つまらぬ失敗をする部下には
>
> 　F消防士は、物知りで物事に対する理屈を、よく知っています。仕事は、やる気満々です。
> 　しかし、理論的な考え方が先行するのか、実務の面で、つまらぬ失敗をするので、安心して仕事を任せることができません。
> 　このような部下には、どのような指導が必要と考えますか？

不足しているのは

　実務の基礎的知識、判断力、技能

指導の要領

　物事に精通し、知識が豊富であることと、もてる知識をどのように実務に活かすかは別の問題です。特に、実務については、基礎的知識が十分でないと、つまらぬ失敗をしがちです。

　F消防士は、消防の実務が十分に修得されていないために、つまらぬ失敗をするものと思われます。失敗をしたときは、見過ごすことなく、その場で、ミスをしたことについて、懇切丁寧に指導するようにします。

　知識があり仕事に対する熱意があるので、実務（訓練、作業、事務処理等）に精通させれば、将来、有能な職員になるものと思われます。

> **事例10**　**真面目だが、応用力のない幅の狭い部下には……**
>
> 　G消防士は、真面目で、コツコツと、ねばり強く仕事をするタイプの職員です。しかし人間としての幅が狭いので、新しい問題や予期しない事態に出会うと、適切な処理を行うことができません。
> 　このような部下に対する指導のあり方について、あなたの考えを述べなさい。

不足しているのは

　判断力、応用力、創造性、人間としての幅、行動力

指導の要領

　真面目で、コツコツと、ねばり強く仕事をする人は、組織にとって重要な存在です。

　しかし反面、このようなタイプの人は、融通が効かない、応用力が効かない、臨機応変に対処できないと言われます。お役所仕事と言われるのも、このようなタイプの職員に由来する場合が少なくないのです。

　指導の方法としては、職務の配置転換を行い、幅の広い知識と視野をもたせることが必要です。また積極的に情報を提供し、職場研修を通じて、いろいろな事例を勉強させ、臨機応変に弾力的な仕事ができるように指導します。

事例11　優秀な部下をもったなら……

　　H消防副士長は、優秀な職員です。災害活動や事務処理を行う場合は、てきぱきと判断し迅速にものごとを処理します。しかも、明朗快活な人柄で、新任の消防士の指導や面倒をよくみます。

　　理論的で実務に強く、常に創意工夫しながら誠意をもって仕事をするので、上司をはじめ同僚、部下から信頼されています。

　　このような部下には、どのような指導が必要と考えますか？

指導の要領

　　H消防副士長のような優秀な部下をもてば、幹部にとって、これほど力強く、頼もしいことはありません。このような部下には、方向さえ示せば、きめ細かな指導をしなくても仕事を推進してくれるので、幹部にとって負担も少なく、組織にとって大きな力になります。

　　しかし本人がいかに優秀であっても、将来も優秀かは、約束されているわけではなく、本人の努力に負うところが大きいといえます。

　　H消防副士長のような有能な若手職員は、職場において積極的に啓発して能力を高める必要があります。

　　部下に仕事を委譲する場合は、ただ画一的に仕事を配分するのではなく、能力に応じて仕事を与えることが重要です。

　　能力のあるものには、ややハードルの高い難しい仕事を与え、達成感と自信をもたせるようにします。他の職員と差別して、特権を与え特別扱いをするという意味ではありません。

事例12　このような症状のある部下をもったなら……

　甲市消防本部のＩ消防士は、採用と同時に県の消防学校に入校し、初任課程を終了して消防署に配置になりました。ところが数日後、小隊訓練終了後の休憩中に、Ｉ消防士は、顔面が蒼白になり、ケイレンを起こして倒れてしまいました。

　Ｊ消防士長は、Ｉ消防士を安静にさせるとともに、直ちに上司であるＫ司令補に報告し、病院に運ぶ手配をしました。

　ところが容態が回復し、外観的に平常と変わりがない状態に戻ったので、病院への搬送は取りやめました。

　報告を受けたＫ司令補は、Ｊ消防士長に訓練時の状況や当日のＩ消防士の健康状態について詳しく聞きました。またＩ消防士（本人）と直接会って、既往症、持病、平素の健康状態について尋ねたところ、本人からは思いあたることはないとのことでした。

　Ｋ司令補は、Ｉ消防士の人事記録について調べたが、健康上の記録については、何も記載されていませんでした。上司と相談して、消防学校に、本人の生活指導記録等について照会したところ、次のような回答がありました。

　「Ｉ消防士は、入校後、三か月目に、課業終了後、清掃作業中に、教室内で倒れ、顔面蒼白となりケイレンを起こしたが、間もなく回復した。

　このとき、駆けつけた担当教官は、疲れから貧血を起こしたものと判断したが、心配して医師の診察を受けさせた。その結果、次のような医師の診断であった。

　　○　激務は避けた方がよい。
　　○　精密検査を受けた方がよい。
　　○　病名は判定されなかった。

　消防学校に在校中は、本人は極めて元気であった。また教育期間

中でもあり、卒業のことや本人の希望もあって、精密検査は受けさせなかった。」

　あなたの部下に、このような症状をもった職員がいたならば、どのように対処しますか？

コメント

　この事例には、多くの重要な問題点があります。

問題点1　Ⅰ消防士が、消防学校に入校後、3か月目にケイレンを起こして倒れたときに、医師の診察を受け、

　　○　激務は避けた方がよい

　　○　精密検査を受けた方がよい

　　○　病名が判定されなかった

にもかかわらず、本人は極めて元気であったので、消防学校では、精密検査を受けさせないで卒業させ、消防署に配置させた。

　消防署への配置に伴い、本人に関する重要情報が消防学校から消防署に知らされないまま、消防署からの問い合わせで、はじめて一連の事実が分かった。

問題点2　消防署に配置になって、数日後に、消防学校で起こした同じ症状を起こしたが、本人は、既往症、持病等に思い当たることはないと言って、事実を隠した。

　この種の病状は、本人や家族が一番よく知っているにもかかわらず、就職に支障があると考え事実を伏せる場合が少なくないのです。

　管理・監督者の立場から考えれば、このような症状をもった部下をもつことは、災害活動等で生命にかかわる重大な事故を起こしかねないだけに、安全管理上、重大な責任が生じます。

　発作の症状をもつ若い消防士を採用すれば、最初から安全管理上の監督責任が生じ、組織に大きな負担が生じます。

　地方公務員法では、条件付き採用期間（6か月〜1年間）が認められています。消防士として適確性を欠く場合には、この期間内に正式任用を行わないことを決めることができます。

　同情心をもって、問題を先送りすれば、本人にとっても組織にとっても、リスクが大きくなることは明白です。

（対　策）

　早急に専門病院の医師の診断を依頼し、病名を判定してもらうようにします。病名の判定が困難であれば、消防学校や消防署で起こした発作やケイレンの記録をもとに、

○　災害活動や訓練中に、このような症状が起これば、重大な人身事故につながる危険性があること、
○　このような症状があることを知りながら正式に任用をすることは、将来への大きなリスクを抱えること、事故を起こす確率も高まり、安全管理に対する監督上の負担も大きくなること、
を理由に、本人や家族を通じて自主的に退職するよう説得します。

　消防署の管理者、人事担当者（人事課）、消防学校の関係者と密接な連携のもとに、早急に結論を出し条件付採用期間内であれば、本人や両親に説明して、正式任用を行わないことを告げるようにします。

事例13　上司に不満をもつ部下には……

　Ｙ消防署のＪ消防士長は、予防事務を担当して３年になります。事務に慣れるにしたがって、上司である乙司令補が在席しているときには、真面目に仕事をしますが、上司がいないと積極的に仕事をしようとはしません。

　自ら主役でないと気が進まない性格があり、何かにつけて不平不満をいいます。最近は、利己的になり、周囲にも悪影響が出始めました。

　そこで同僚であるＫ士長が心配して、Ｊ士長に「何か不満でもあるのか？」と尋ねたところ、上司である乙司令補に不満があることが分かりました。

　理由は、乙司令補は、自らの仕事に対する責任を果たさないで、雑用を次から次へと押し付けてくる。そして仕事の結果がよければ、自分の成果にしてしまい、結果が悪ければ、Ｊ士長に責任をなすりつける、だから仕事に精をだす気持ちにはなれないのだ、というのです。

　このような問題が生じたとき、どのような解決方法があると考えますか？

コメント

　Ｋ士長がＪ士長から聞いた言い分は、すべてが事実であり正しいか、あるいは自分の立場を弁護するために、事実に反して述べているのか、この点、明確ではありません。このため乙司令補の考え方も含めて、両者の言い分を十分に聞く必要があります。

　Ｊ士長の言い分が正しければ、乙司令補は、部下に雑用を押し付け、功績だけを独り占めするのですから、幹部としての適正を欠くことになります。

　乙司令補の言い分を聞いた結果、「私は、J士長に雑用を命じ、功績だけを独り占めするようなことはしていない。J士長に仕事を命じても、手際よく処理できない場合が多いので、私が代わって仕事を処理していることが多い。」となると、両者の言い分は、かなり食い違うことになります。

　よく聞く話ですが、有能な上司が仕事に厳しいと、仕事のできない部下は、みずからの無能ぶりを棚にあげ、先手を打って上司の陰口をたたきます。

　したがって、ことの真実をしっかりと確かめる必要があります。

対　策

　乙司令補とJ士長との間には、信頼しあう気持ちや人間関係がないところに問題があります。二人の関係を何らかの方法で修復する必要があります。当事者間の問題として放置しておいても、問題は解決しないでしょう。

　考えられる方法としては、「K士長の上司を通じて、間接的にJ士長の上司である乙司令補に、さりげなくJ士長の仕事ぶりや人間性について、どう評価をしているか聞く」ことも一つの方法です。

　J士長が仕事を通じて不満をもち、やる気を無くしていることについて率直に告げ、関係の改善に努めるように促すのです。

　乙司令補もJ士長との人間関係がうまくいっていないことについては、よく理解しているものと思われます。

　乙司令補が、周囲からの助言に聞く耳をもたなければ、残された方法は、乙司令補の上司又は署内の人事相談担当者に事実を告げて、人事異動を行う等、問題の解決を図るしか他に方法がないように思われます。

　このような問題を処理する場合に、気をつけなくてはならないことは、「言った」「言わない」「告げ口をした」「しない」といった感情的な問題に発展しやすいだけに、十分に注意して改善に努める必要があります。

　良くしようと思って親切心で行ったことが、かえって問題をこじらせてしまうことがあるので、慎重に対応するようにします。

事例14　学歴指向のプライドの高い部下をもったなら……

　大学卒で採用されたＬ消防士は、消防係に勤務して３年になります。熱心に仕事をしてきましたが、最近は、投げやり的な仕事をしたり、上司、同僚に反抗的な態度をとるようになりました。

　そこで、上司であるＮ司令補は、本人に何か不満でもあるのか？と尋ねたところ、「私は、消防に入って３年になるのに、消防係員としての仕事を続けている。大学を卒業しているのに、これでは自分の特技が活かせない。他のポストに移って、自分の特技を活かしたい」と言うのです。

　Ｎ司令補は、「君の考えは間違っている。消防の組織は、君が思うほど簡単ではない。早いところ、昇任試験でも受けて昇任するしか他に方法はない。そうすれば、君の悩みも解消されるだろう。しっかりやりたまえ。」といって指導しました。

　するとＬ消防士は、「私は嫌です。希望がもてないのです。私の気持ちが分かってもらえないのですか？」と言う。

　Ｎ司令補は、「すると～　君は、立身出世が目的で消防に入ってきたのか？」と聞くと「当たり前です！」と言います。結局、二人は、喧嘩別れの状態になりました。

　このような問題に対して、あなたがＮ司令補の立場であったなら、どう対処しますか？

不足しているのは

　社会性、実務の重要性、自己に対する過大評価

コメント

　Ｌ消防士は、大卒で特技があることを理由に、自らの力を過大評価をしています。ここでは特技の内容が、詳しくは分かりませんが、おそらく法

律、建築、電気、化学等の学科を卒業しているものと思われます。

　今の時代は、大卒であるからといって、直ちに消防の実務に役立つ仕事はありません。大学で学んだ専門的知識を消防の分野の専門性（特技）に活かすには、実務経験が必要です。

　「あなたは、何ができるのか？」が問われる能力主義の現代社会では、大卒であるから特別な扱いを受けるのが当然と考えるべきではないのです。人事評価は、単に大卒で特技があるだけで判断されるべきものではありません。実務経験を通じて専門知識、職務遂行能力、協調性、人間性、教養、モラル等を含めて、総合的に評価され、適材適所主義のもとに、人事異動、配置が行われることを本人に理解させる必要があります。

指導の要領

　N司令補は、本人の特技を活かすには、昇任試験を受けるしか方法がないと指導しています。しかし昇任試験を受けて昇任すれば、本人の特技が活かせるのかというと、必ずしも確約されているわけではありません。

　主事等の一般職であれば、一定の範囲の事務に従事しますが、消防吏員であれば、災害活動から予防の事務等、いろいろな分野で仕事をすることになります。このため常に特技や専門性を発揮できるポストに就けるとは限らないのです。消防のいろいろな分野の仕事を経験しながら、自らの特技や専門性を高め、周囲から認められるように努力することが必要です。

　この事例でもっとも重要なことは、L消防士の学歴主義や立身出世主義の考えは、もはや通用しないということを本人に強く指導すべきです。

　いろいろな仕事を通じて、専門性を磨き特技を活かすことは必要ですが、あわせて組織の一員として、職場の人々との協調性を図り、人間性を磨くことが何よりも重要です。このことを本人に十分に理解させる必要があります。

　一方、人事管理の面から、本人の特技や専門性が職務に反映できるように、熱意ある若い消防士には、能力に応じて将来への希望をもたせる人事管理や教育が重要と思われます。

事例15　無断で他の職場の採用試験を受けた部下には……

　M消防士は、元自衛隊員でしたが、消防士に採用されて1年半の月日が過ぎました。あるときM消防士は、上司であるN司令補に、次のような相談をしました。

　「私は、消防士になりましたが、本当は、警察官になりたかったのです。試験に落ちたため消防にきましたが、数か月前に職場に内緒で、再度、警察官の試験を受けたところ、幸い合格通知がきました。遅くても1年以内には採用通知がくるものと思います。採用通知が来るまで一生懸命、消防の仕事をしますので、それまでの間、現在の職場で勤務させて欲しい」というのです。

　M消防士の勤務態度は、普通で真面目に勤務しているので、採用通知がくるまで、職場に留まることも止む得ないと判断しました。

　N司令補は、相談を受けたので、早速、次長に報告しました。

　ところが次長は、「他の職業に就職するために、無断で試験を受けたのは問題だ。内規では、他の職場の試験を受ける際には、あらかじめ所属に届出を出さなければならないと定めてある。

　無断で受験したのだから服務違反である。採用通知がくるまで、そのまま消防職員として勤務させることは、周囲に与える影響が大きいので、速やかに本人を説得し、退職の手続きをとるようにせよ」とのことでした。

　あなたがN司令補であったなら、次長の判断に対し、どのように対処しますか。

コメント

　次長の判断は、内規を前提にして判断しました。本心は内規でM消防士を強制的に辞め（退職）させることは無理であることは、百も承知であったのかも知れません。だとすれば、N司令補は、次長の示した判断に忠実

に従うのか、自らの意見を次長に意見具申をするか、試されているのではないかと思われたので、的確な判断が必要と考えました。

　一般に、転職に際して事前に所属に申し出て了解を得るのが常識です。なぜならば部下の都合で、一方的に突然、退職届を出されては、人事運用に支障が生じるからです。また、長く消防に勤務する意思がないのに、腰かけ的に職場に置くことは、士気に影響するので、倫理規程を定めたものと思われます。

　無届けで転職のための試験を受け、合格し採用通知がくるまで勤務したいという本人の希望は、自分本位のご都合主義に思えます。1年半の勤務では、組織への貢献度よりは、教育に費やした負担の方が大きいからです。

　したがって「早く辞めさせろ」といった次長の判断も分からないわけではありません。

　しかし視点を変えると、確かに職場の内規には違反はしていますが、憲法で保障する「職業選択の自由の原則」に当てはめれば、内規はあくまでも職場規律を維持するための訓示的規定に過ぎません。

　他に転職するために受験したからといって、必ず試験に合格するとは限りません。試験に失敗すれば、同じ職場で勤務することになるので、事前に職場に申告するケースは少ないものと思われます。

　事前の申告義務違反を理由に、強制力をもって退職させる職務権限は見当たりません。（重大な公務員法違反があれば別ですが。）

対　策

　M消防士は、採用以来、1年半にわたり、真面目に勤務してきた経緯からみて、内規違反だけで、一方的に退職させることは難しいと思われます。

　本人が転職先から採用通知がくるまで、現職に留まりたいと希望する以上、本人の希望どおり、採用通知の段階で退職の手続きをとらざるを得ないと、次長に説明するのが最善の方法と考えます。

事例16 部下に任せず、独断で仕事をする古参の中隊長には……

　ある消防本部の分署長として勤務する古参のA中隊長（58歳）は、責任感が旺盛で自信家です。部下に仕事を任せたり相談することなく自ら判断して仕事を処理してしまいます。

　前例踏襲主義で仕事を処理するので、仕事の改善はみられず、部下とのコミュニケーションがありません。進んでリーダーシップを発揮しようとしないので、職場内の士気は上がらず、部下の不満は高まり、信頼感もないのです。

　このような職場には、どのような改善策が考えられますか?

（**問題点**）

○　部下を指導し、育てようとする考え方が欠けている。

○　マンネリ化し、マイ・ペースで仕事をしている。

○　分署の職場管理に対する本署の監察機能が十分ではない。

○　部下とのコミュニケーションがないので、人間関係もよくないものと思われる。

○　仕事を一人で丸抱えにして、部下に仕事を配分しないようでは職場の士気は上がらない。

○　前例踏襲主義では、ものごとの改善が進まずマンネリ化しているものと思われる。

○　部下から信頼されなければ、組織としての力を発揮することができない。

（**指導の要領**）

　A中隊長は、長年の消防経験がありながら幹部としての基本原則に欠けています。あと数年で退職するのだから自分本位の考えで仕事をすればよいといった考えのもとに、日々の仕事もマンネリ化しているものと思われ

ます。

　このような状態を放置しておくことはよくないことで、監督者としての
あり方について指導する必要があります。

　分署長に対し、だれが指導すべきかが問題です。この場合、分署を管理
監督する本署の責任者（次長、総務課長、警防課長等）が、直接、分署長
に対し指導するのが適切と思われます。

　このような問題は、本署の監督責任者が定期的に分署に出向き、業務監
察を行うようにすれば、早期に改善できたものと思われます。

　階級制度の縦割社会では、本事例に似たケースは、どこにでも起こりや
すいだけに、分署に対し本署がきめ細かな監察機能が発揮できるようにし
ます。

> **事例17** 活力のない職場には、どのような対策が必要か
>
> 　M司令は、ある消防署の分署長を命ぜられました。着任して早々に感じたことは、職場内に活気がないことでした。
> 　署員は能力があるのですが、不平や不満があるのか、進んで仕事をしたがりません。処理すべき仕事は山ほどあるが思うように仕事が進みません。過去の経験にあぐらをかいて改善が進まない活力のない職場では、どのような改善方策が考えられますか。

問題点

- ○　組織力を発揮するためのリーダーシップが欠けている。
- ○　部下への権限委譲の欠如（能力に応じて部下に仕事を委譲させていない）
- ○　個々の職員に、目標管理に基づく仕事の責任が明確でない。
- ○　部下に対する指導力が不足している。
- ○　創意工夫して職場の活性化を図る努力が欠けている。
- ○　職場内に緊張感がなく、職場内の規律が乱れているようである。
- ○　職場全体が意思の疎通に欠け、円滑な人間関係ができていない。

指導の要領

　緊張感のない不平不満の多い職場は、一朝一夕にして活性化させることは難しいと考えます。根気よく焦らずに次の点に心掛けて、改善を試みる必要があります。

- ○　まず方針を示し、個々の部下に対し、仕事を配分し目標管理のもとに、仕事に責任を持たせて推進する。
- ○　民主的リーダーシップではなく、独裁的リーダーシップを発揮する。
- ○　仕事に対する責任感をもたせ、きめ細かい指導を試みる。
- ○　部下の仕事の進捗状況についてチェックし、士気を鼓舞する。

○　リーダー自ら、率先垂範して部下のお手本となるように努める。

○　職場教育に努める。

○　部下の仕事の成果に対し、正しく評価する。

○　創意工夫をして業務の改善を図り、仕事のしやすい職場環境づくりに努める。

○　部下の意見、欲求、苦情を積極的に聞いて改善に努める。

○　職場規律、協調心、人間関係の改善に努め、明るい楽しい職場づくりに努める。

> **事例18**　酒の飲み過ぎによる事故を防止するには……
>
> 　A消防本部B消防署に勤務するO消防士が、深夜、酒に酔って街の中を徘徊し、持っていたライターでポスターに火をつけたため110番通報され、警察に逮捕されたことがマスコミで報道される事件がありました。
>
> 　酒の飲み過ぎによるトラブルは、他人への暴力、女性とのトラブル、交通事故等、多種多様です。酒の飲み過ぎによる事故を防止するには、どうすればよいと考えますか?

問題点

　酒を飲み過ぎて事故を起こす例は、消防の職場に限らず、どこの職場でも起こりうる問題です。しかし、本事例は、消防職員として火災を予防し、火災を消火し、市民生活の安全を守るべき立場にある消防職員が、酔っぱらってライターでポスターに火をつけたので、マスコミも大きく取り上げたものと思われます。

　度を越して酒を飲み過ぎれば、結果がどうなるかは、本人のリスクセンスが重要です。どの程度(量)の酒を飲めば、どの程度の危険が生じるか、本人しか分からないのでセルフ・コントロール(自制心)の問題です。

　酒好きで事故を起こしやすいタイプの人は、リスクを気にせず飲むに任せて酒を飲み、ヘベレケに酔って危険な状態になっても気が付かず、揚句の果てに事故を引き起こすのです。

　本事例の場合、非番日で、昼過ぎから親睦会ということで屋形船に乗り、夕刻まで同僚と酒を飲んだ。この後、二次会で同僚と19時頃まで酒を飲んで別れました。一人になってもすぐには帰宅せず、はしご酒をして深夜の街を徘徊し、事例のような事故を引き起こしたのです。

　○　酒に酔っての事故は本人の問題ですが、職場においても指導することが必要です。警察沙汰になれば、職場の責任者が呼び出され、マス

コミを通じて本人の職名、勤務先が報道されるからです。したがって、非番日の事故だから本人の問題であるといって放置しておくわけにはいかないのです。

○　最近の傾向として、春先になると、大学に入学した学生が、歓迎会などで酒の一気飲みをし、救急車の世話になるケースが少なくないようです。酒の飲み方を知らない若者が多いのです。

かつての消防の寮では、一つの部屋に数人で共同生活をしていました。先輩、後輩、同僚との人間関係を通じて、酒の飲み方、街で遊ぶときのノウハウを学んだものでした。

しかし、現代は個室生活へと変わり、先輩・同僚とのコミュニケーションが希薄となり、酒、女性、賭けごと等に関するリスクを知らない若者が少なくないのです。このため職場教育を通じて酒にまつわるリスクについて指導することが重要です。

指導の要領

(1)　酒を飲み過ぎれば、どのようなリスクが生じるか、いろいろなケースを通じて、リスク回避の重要性を知らしめるようにします。

(2)　非番日の生活は、プライバシーの問題だから干渉することは好ましくないといった考えがあります。確かに個人生活に干渉することは良くないことですが、職場とは全く関係のないことだと割り切ることも適切ではないのです。

非番日の行動、スケジュール等についてウンヌンすることは、明らかに私的生活を侵害することになりますが、私的生活の場で起こしやすい事故事例を通じて、酒に対するリスクを指導することはたいへん重要です。

(3)　平素から酒癖が悪く、はしご酒が好きな部下には、酒との付合い方を教えるとともに、非番日など親睦会と称して酒を飲むような場合には、二次会、三次会とならないようにします。

(4)　夜遅くまで深酒することは、翌日の勤務にも影響します。例えば、機関勤務員、消防隊員の災害出場や訓練にも安全管理の面から支障をきたすことがあります。

(5)　部下を指導すべき幹部が、朝から酒臭い匂いで出勤することは、職場の士気にも大きな影響を与えるだけに、注意が肝心です。

上手な酒の飲み方

◎　1　1日に日本酒が1合か、
　　　　ビールで大瓶1本か、
　　　　ウイスキーでシングル2杯程度（2倍でも可）。

◎　2　週に2日の酒なし日（1日／週でも有効）。

◎　3　休日などに朝・昼から飲んだりしない。

　　　4　飲酒運転はしない（飲酒の機会が減る）。

　　　5　十分に食べながら飲む。

　　　6　強い酒は薄めて飲む。

　　　7　時間をかけてゆっくり、喋りながら飲む。

　　　8　遅くとも、夜12時までにはやめる。

　　　9　睡眠薬と一緒に飲まない。

（注　◎印は特に重要なこと）

（逸見武光監修『職場のメンタルヘルス―管理監督者のこころえ―』財務省印刷局、p.37より）

> **事例19**　金融業者から借金を重ね、身を滅ぼしそうな職員には……
>
> 　A消防士は、勤務生活6年になります。複数の金融業者から金を借りては飲み歩き、揚句の果てに大きな借金を抱えてしまいました。
> 　返済に窮したAは、実家から再三にわたり多額の援助を受けましたが、何回も繰り返すうちに実家の援助も底を尽き、退職せざるをえなくなりました。
> 　このような生活破綻を防ぐにはどうすればよいと考えますか。

コメント

　A消防士は農家の次男で、高校を卒業するとある登山鉄道会社の駅員になりました。しかし単調な勤務に飽きて、ある都市の消防士の試験に合格し都会に出てきました。

　消防学校を卒業すると、繁華街にある消防署に配置になりました。

　消防士になって2年目の春、大学二部に入学しました。しかし管内には風俗営業の店が多かったので、飲み歩くうちに遊びを覚え、女性にチヤホヤされるようになりました。このため給与では賄いきれず、複数の街の金融業者から多額の借金をするようになりました。

　知人からも金を借り、親も息子の借金の返済のために多額の財産をつぎ込みましたが、ついに底をつき、A消防士は退職することになりました。

対　策

　カードやローンで多額の借金をして破産するサラリーマンや主婦が多いといわれています。このことは公務員も例外ではありません。

　特に、公務員の場合は、身元がしっかりしているので、金融業者やローン専門会社は、身分証明書さえ見せれば、安心して貸してくれます。

　安易な気持ちで借りると金利が高いので、たちまちにして金利に追われるようになります。

　若い署員の中には田舎から都会に出てくると、よほどしっかりしていないと、都会の怖さを知らずに遊びを覚え、借金を重ねて身を滅ぼすことになります。転ばぬ先の杖ではありませんが、金融業者から金を借りたり、都会の遊びの恐ろしさをよく理解させることが必要です。

　服装、時計、靴等、身分不相応なものを身に付けている場合は、本人の日常の生活・行動に十分に注意する必要があります。

　外部の見知らぬ人からの電話が多い、昼休みに見知らぬ人（業者の借金の取り立て等）と立ち話をすることが多い等は要注意です。このような場合は、本人にさりげなく聞き、情報をもち、必要に応じて相談にのることが必要です。

> ### 事例20　職場のセクシュアル・ハラスメント対策について
>
> 　　最近は、小・中学校の先生、裁判官、大学教授、公務員等、職業、地位のいかんを問わず、セクシュアル・ハラスメントに関する事故がしばしば起こります。消防の職場も例外ではなく、職場教育が必要です。
>
> 　　消防の職場は、女性消防官や女性の主事さんが勤務していますが、消防職員全体に占める割合は、圧倒的に男性が多い職場です。このため男性本位の考えが支配的になりがちです。
>
> 　　女性職員との言葉の交わし方、仕事の命じ方、女性との人間関係、交際の仕方等について、セクシュアル・ハラスメントの問題が生じないように職場教育を行う必要があります。万一、問題が生じた場合には、放置することなく、速やかに対応するようにします。
>
> 　　あなたの職場では、セクシュアル・ハラスメントの問題について、どのような対策を講じていますか。

セクシュアル・ハラスメントの意味・背景を知る

○　日本では、セクシュアル・ハラスメント（sexual harassment）とは、「性的いやがらせ」をいいます。このような言葉が使われるようになったのは、1988年頃のことです。

○　1994年、東京都から出された「セクシュアル・ハラスメント防止マニュアル」は、企業、行政、労働組合、個人の具体的な取組みをテーマにしたもので、各方面に大きな影響力を与えました。

○　東京都が行った「男女雇用平等モニターアンケート」（1996年12月）調査によると、職場でのセクシュアル・ハラスメントの内容について、次のような結果がでています。

＊　性的な冗談を言ったり、からかったりする（70.3%）

＊　身体的に不必要な接触をする（51.1%）

　　　＊　　個人的な性的体験等をたずねたり、話をする（26.4％）

　　　＊　　食事やデートに執拗に誘う（25.8％）

　その他、性的なうわさ、わいせつ図画の配付・掲示、性的関係を強要する等の調査結果が出ています。日本ではセクシュアル・ハラスメントが生じる原因として、

(1)　男性中心の発想で、女性の立場が無視される

　　　＊　　聞くに耐えない卑猥な冗談をいう

　　　＊　　女性だけは「チャン」づけで呼ぶ

　　　＊　　年齢や立場に関係なく、「女の子」という扱いをする

(2)　性別役割を求められる

　　　＊　　お茶くみなどは女性の仕事

　　　＊　　資料の整理、コピーとり等の雑用は女性向き

　　　＊　　受付や電話番、接客等は女性の仕事

　　　＊　　仕事の面で女性を一段下に見る

　　　＊　　職場の花扱いにする。女性は仕事に疲れた男性を癒すこと、職場を和やかにする潤滑油

　　　＊　　女性に仕事は無理

　　　＊　　私的買物等を女性に頼む

　　　＊　　女性は結婚までの腰かけ扱いにする

　　　＊　　言葉や態度に女らしさを求める。女らしくない、女のくせに、といって非難する

　　　＊　　未婚、既婚、年齢等で扱いが変わる。年齢、容姿で職務の区分を変える

(3)　性的な役割を求められる

　　　＊　　宴会で上司にお酌をするように求める

　　　＊　　宴会等でデュエットやチークダンスで男性の相手をして盛り上げるのが女性の役目と思う

　　　＊　　女性は性的関心を向けられているうちが花である

(4)　望まない性的な関心を示す

* 性的関心を露骨に示す
* 食事に誘い、付合いなど執拗に交際を求める
* 性的関心を拒否して、仕事上の報復的対応をする
* 不必要に身体に接触する
* 性的関係を強要する

　日本では、セクシュアル・ハラスメント裁判の第一号といわれる福岡裁判では、次のような判決が出ています。

　「現代社会の中における働く女性の地位や職場管理層を占める男性の間での女性観などに鑑みれば、本件においては、原告の異性関係を中心とした私的生活に関する非難等が対立関係の解決や相手方放逐の手段ないしは方途として用いられたことに不法行為を認めざるをえない」として、男社会中心の無責任な性的噂話が問題とされ、男性の日頃の認識や行為が断罪されました。

チェックポイントと対策

　○　あなたの職場では、セクシュアル・ハラスメントについて職場教育が行われていますか。

　○　セクシュアル・ハラスメントについてのマニュアルが整備されていますか。

　○　女性消防官や女性主事等の採用に際し、面接担当者に注意すべき事項がマニュアル化されていますか。

　消防の職場は、他の職場と異なり災害活動、訓練、一般的な事務処理を行う等、職務の内容も多様化しています。特に、災害活動等では、女性職員は男性と対等に行うことのできない職務もあります。

　このため職務の範囲について、女性に対しある程度の職務領域を設けざるをえないのが現状です。

　女性消防官は、男性職員のように消火活動や救助活動等を行わないのだから、広報の仕事はもっぱら女性が行うのが当然と決めつけると、職務を

通じて男女差別（セクシュアル・ハラスメント）の問題に発展することが
考えられます。

　過酷な火災現場や救助活動から帰署したのだから、女性は「お茶を入れ
るのが当たり前」と決めつければ、女性職員は、「お茶くみ」は女性の本
来の職務ではありませんと反発し、セクシュアル・ハラスメントの問題に
発展することも考えられます。

　問題は、状況に応じた対応、女性を蔑視しない男性、女性相互の信頼関
係が十分であれば、セクシュアル・ハラスメントの問題に発展することは
なく、円滑な人間関係を維持することができるものと思われます。

　消防、警察職員等の職務は、企業や一般の公務員社会とは異なり、過酷
な現場活動や訓練を行うことが男性の主たる役割になっています。

　また全体職員に占める男性の割合が多いため、とかく男性中心の考えで
ものごとを進めがちです。セクシュアル・ハラスメントの問題が生じない
ようにするには、基本的なことについて理解と認識が必要です。

> ### 事例21　交通違反による免許停止と部下指導について
>
> 　A消防本部B消防署のC副士長は、非番日にマイカーを運転して事故を起こしました。警察官が本人の免許証を確認したところ、5年以上にわたり失効免許証で車を運転していたことがわかりました。
>
> 　警察から通報を受けたB消防署では、早速、本人に確かめたところ事実であることが判明しました。本人が消防車の機関員として勤務していたこともあって、ただちに機関員から他の職務に配置替えし、あわせて処分を行いました。
>
> 　このような事故を防止するには、どのような対策が必要ですか。

コメント

　この問題は、消防だけではなく警察機関でも類似したケースが起こっています。

　最近のマスコミの報道によると、O県警の巡査部長が運転免許証が失効してから15年間、無免許のまま警察車両を運転し、諭旨免職処分になっていたと報じています。（日経新聞　平成13.11.7付　朝刊）

　O県警では、○○年○月に本人から免許証の提出を求めた際に、妻の免許証に自分の写真を貼り、氏名や生年月日はワープロで印字したものを貼り付け、コピーして提出していたのですが、その後、○○年○月にセーフ・ドライバーカードを申請した際に、提出したコピーが妻の免許証であることが発覚したのです。

　B消防署のC副士長については、何故、5年以上にわたり失効免許証の状態であったかは、定かではありませんが、いずれにしても一部の不心得な職員とはいえ、火災、救急活動等を通じて市民の生命と安全を守る消防や交通違反を取り締まる警察が、このような違反を犯すことは、たいへん残念なことです。

（対　策）

　この種の事故を防ぐには、次の点についてチェックを行い、さらに良い
方法がないか検討してみてください。

　　○　現在、どのようなリスク管理対策が講じられているか
　　○　定期的に免許証の提出を求めるなど、点検制度が確立しているか
　　○　免許の更新等、署としての管理が徹底しているか
　　○　部下職員に指導を行っているか
　　○　公務、非番日を問わず交通事故等を起こした際の処理、手順につい
　　　てマニュアル化し、徹底を図るようにしているか

> ### 事例22　消防の行政サービスとは何か
>
> 　　ある業者が、危険物施設の許可を受けるために、A消防署の予防課に出向きました。ところが署の担当者から「アポイントメント（予約）をとってから来署してほしい」と言われたというのです。
> 　　この業者は、「ホテルの予約じゃあるまいし消防署に行くのに、いちいちアポイントメントを取らなければ、書類の受付や審査に応じてくれないのでは、本当に困りますわ〜」と苦笑していました。

問題点

(1)　行政サービスの欠如

　「市民のための行政でなければいけない」、「市民サービスが重要だ」といいます。確かに多くの窓口事務では、信頼性の高い行政サービスが行われているものと信じますが、事例のようなケースが実際にあるのも事実です。

　署の担当者には、言い分があると思われますが、このような苦情があるにもかかわらず、苦情が表面化しないところに問題があるように思われます。

　市民であれば、町会を通じて、あるいは本人から直接、消防署に苦情を言うことができます。しかし事業所（業者）は、担当者に対し面と向かって苦情が言えないのです。

　許認可事務の権限をもつ担当者に苦情や文句を言えば、人間関係がこじれ、後々の事務処理に支障をきたすことを恐れるからです。

　腹の中では憤まんやるかたない気持ちを抱いていても、忍の一字で我慢せざるを得ないのが業者の立場です。

　しかし、これでは行政と業者との信頼関係は成立しないのです。

(2)　部下に対する監督指導の欠如

　一般に消防署の事務は、係長の下に、知識、技術、豊富な経験のある主任（司令補）クラスがいて、主任にも書類の受付・審査をしたり、現場に出向いて検査する権限が与えられています。

　主任の下に係員がいても処理する能力や権限がないと、主任が不在になると仕事が進まないと業者はいいます。

　主任の判断にすべてを任せている署では、課長、係長は、主任任せとなり、よほどの苦情がないと、窓口業務は円滑に行われているものと判断しがちです。

改善方策

　管理・監督者は、相談、受付、審査、検査、許可を与えるまでの期間、業者が手続きのために署に足を運ぶ回数、能率的に処理されているかなど、受付事務について把握する必要があります。

　ある建築確認を行う行政機関では、「毎週○曜日と○曜日は、現場検査のために、受付担当者は不在となります。」といった掲示をしているところがあると聞きます。

　業者は、この掲示を見て、計画的に日時を自ら判断して行動するので、担当者が不在であったり、アポイントをとったうえで来てくれと言われることもなく、無駄な交通費や時間を費やすこともないのです。

　行政サービスの在り方について、受付事務のみならず市民、業者、事業所等との対応の在り方について、真に市民や事業所の立場にたって考えているかどうか、再点検するようにします。

事例23　**公務員意識とリストラの意味について**

　　最近、ある民間業者が、「消防署に提出する一つの書類のことで、出向くたびに修正を命じられることがある。最初の審査のときに、一度に全部を話してくれれば、何度も交通費や時間を費やさなくても済むのに…。しかも担当者から『消防署はリストラで、署員の数が少なくてね』と言われたりすると、消防署の人は、リストラの意味や民間企業のリストラの本当の厳しさが分かっているのだろうか、と思ってしまう」と、愚痴をこぼしているのを聞いたことがあります。

　　リストラの意味について検討してみてください。

コメント

　　署の担当者は、リストラという言葉を軽い気持ちで、深く考えずに話したものと思われます。業者は、一つの手続きで何度も署に足を運び、担当者がいたり、いなかったりすると、役所は民間の苦労も知らないで、仕事は非能率で自分達のご都合主義で仕事をしている、と思うのです。

　　署員の数が実際に不足しているにせよ、「リストラで消防署員の数が少なくてね…」と言われたりすると、かなりの抵抗を感じるようです。

　　民間企業では、厳しいリストラで解雇されたり、事業所の廃止、統合等、血の滲むようなリストラが行われています。それに比べ役所（公務員）は、身分が保障され、解雇されることもなく、まだまだリストラされていない職場だと考えて、業者は大きなギャップを感じるのです。

　　あえて、このような事例を取り上げたのは、不況の中で喘ぐ民間企業のリストラの現状を少しでも理解し、行政サービスの向上に努めることが、重要と考えたからです。

リストラの意味

　リストラクチャリング（restructuring）とは、リストラクチャー又はリストラといい、日本語では「事業再構築」のことをいいます。

　事業再構築とは、基本的な事業構造を組み替えることで、経営を革新することを意味します。例えば、既存の事業をスリム化し、新規事業に経営資源の配分を行い、不採算部門の整理統合、閉鎖などを行います。また、企業合併、買収等も、その手段として行われます。

　一般にリストラといえば、合理化、人員の削減を意味する場合が多いといえます。

　筆者は、民間企業で厳しいリストラを数多く見てきました。

　見るも涙、語るも涙でした。子育ての最中にある40代〜50代の社員が、来週から会社に来なくても結構ですと言われて、退職を言い渡されたケースや、部長職にある人が配置転換で「貴方の新しい職種は、台車で商品を運ぶ仕事があります」と、従来の年収額よりはるかに安い額を示され、「希望しなければ退職してください」と言われたケースなど、筆者は多種多様なリストラを数多く見てきただけに、リストラがいかに厳しいか理解できます。

問題点と対策

　○　現在の公務員としての立場と民間企業の血の滲むような合理化策と対比させ、リストラの厳しさを少しでも理解させ、サービスの向上に努める必要があります。

　○　公務員は、定数削減とはいっても、現職が削減されるわけではありません。定年退職するまでは年功序列で身分は保障されます。給与等が減額されても、民間企業のような厳しさはありません。現状の処遇を当然と考えずに、少しでも相手の立場に立って理解し、サービスに努めなければなりません。

　○　行政全般についていえることですが、職務上の権限を持つポストに

ある人は、非能率的な仕事をしていても、権限を背景に一方的な判断で、相手（企業関係者）を意のままに動かせるものと考えやすい。このような職員が一人でもいると職場全体のイメージが悪くなるので、職場教育の徹底を図るようにします。

○　業者は、苦情を言いたくても、言えば担当者の感情を害し、後々仕事に差し支えるものと思いつい我慢をしてしまいます。我慢すれば行政に対する不満が残り、不信感をもたれることになります。このため積極的に相手の苦情を聞く公聴体制が必要です。

○　管理者が、口先だけで行政サービスや事務の能率化を強調する職場では、とかく部下に白紙委任で仕事を任せがちです。このため、事例のような問題が生じやすいのです。

　　上下の意思の疎通、仕事に対するきめ細かなチェック体制、計画的な進行管理が必要です。

事例24　公務員としてのモラル（倫理）と行政の信頼性について

　かつては国民の信頼を集めていた役所（公務員）が事故を続発するようになったのは、いかなる理由によるのでしょうか？

　特に最近の公務員全般に対する批判は、単なる服務上の問題というよりは、公務員としての倫理が問われる場合が多いと言われています。

　真に国民に期待され、信頼される公務員とは、どういう公務員を言うのでしょうか。

問題点

(1)　職場風土とモラル（倫理）の問題

　公務員の汚職事件や不祥事件の背景には、個々職員の資質の問題がありますが、組織上の問題、職場風土や職場環境にも大きく影響する場合が少なくありません。

　事件や不祥事が起こるたびに綱紀粛正に関する通達や訓示が行われますが、事故防止について指示しても、一向に効果が上がらない場合が少なくないのです。

　立板に水を流すように、訓示や通達の繰り返しは、結果において効果が上がっていないことを意味します。何故、効果が上がらないか原因について深く考える必要があります。

　訓示や通達等が定型的組織（フォーマル組織）を通じて、形式的に繰り返すだけでは、集団規範としての水準を高めることは難しいと考えます。

　組織集団には、非定型的組織（インフォーマル組織）が存在します。例えば、気の合う仲間、釣り、ゴルフ等のスポーツ仲間、趣味の同好会等があります。

　このようなインフォーマルな集団には、集団としてのきまり、しきたり、おきてがあり、これに従う者は集団の仲間として受け入れますが、従わな

いと受け入れてくれません。このため仲間はずれにされるのを恐れて、集団のおきてに従う場合が少なくないのです。

　インフォーマルな組織集団の規範が、社会の規範と合致していれば、問題はないのですが、合致しないところに問題があります。

　親睦会、歓送迎会、旅行、ゴルフ会員権の利用等で、業者から長年にわたり当たり前のこととして差し入れを受ける職場があるとすれば、このような職場風土が原因となって、カラ出張、カラ超勤等へと発展することもあるのです。

　(2)　モラルの欠如と職員の非行

　職員が非行や汚職を起こす背景には、個人のリスク意識の低さや自覚の欠如が考えられます。組織に緊張感がなく、モラルが低いために生じるケースが少なくないのです。

　相互のコミュニケーションが不足し、活気のないよどんだ職場、沈滞ムードで規律が乱れ、互いに是正しようとしない職場は、個人プレーが多く、ものごとの善悪の判断に潔癖感や、緊張感がないので非行に走りやすい職場風土ができやすいのです。

　個々職員が、互いによりよき行動規範をもって、非行や犯罪の誘惑につけ込まれないような職場風土を目指す必要があります。

　○　個々職員が組織目標を理解し実践する。

　○　互いに職責、役割を認識し、良い意味で競い合い、組織の期待に応える。

　○　上下の関係、同僚との人間関係を重視し、コミュニケーションの充実に努める。

　○　互いの立場や人格を尊重し、良い人間関係の醸成（じょうせい）に努める。

　○　相互の信頼関係を高め、互いに協力しあうようにする。

　○　企業のリストラの厳しさを理解させ、効率的な行政サービスや行政の信頼性を高めるようにする。

　○　長年にわたり役所上位、民間は下位とみて行政を行ってきた関係で、役所主導型の意識が払拭されていない。「民があって役所がある」の

だという意識の転換が必要です。

モラールとモラルの違い

　モラール（morale）とは、士気を意味します。これに対してモラル（moral）は、道徳、道義、倫理、道徳上の、道徳的などを意味します。

第 8 章　リーダーはいかにあるべきか

8-1　人格の形成に努めよ

　最近の新聞やテレビでは、役所や企業の一部の人とはいえ、指導的（リーダー）立場にある人の不祥事が目立ちます。

　よくないことだが、他の人（職場）もやっているのだから見つからなければいいだろう、悪いことだが、情報さえ漏れなければ多少のことはいいだろう、といった甘い考えによるものと思われます。

　世間には、知識があって頭の切れる人でも道徳心のない人が少なくありません。人から信頼されるには、「誠実さ」、「道徳心」、「マナー」が必要です。

　市民の行政に対する目も、従来にも増して厳しくなっています。従来から、大目に見られてきたことでも、市民の行政に対する問題意識が高まるにしたがって、公務員の行為や不正に対し厳しく責任の所在を問う傾向にあります。幹部は、常に強い倫理感が求められます。

8-2　専門性を高めよ

　今までの時代は、個性を出さず、共通のコンセンサスのもとに、組織の命じるままに行動し、みんなと一緒に仕事をしていれば、それだけで十分でした。

　人よりも目立つ存在であったり、個性的で、建設的な意見を述べる人は、むしろ歓迎されない社会でした。

　しかし、「あなたは、何ができるのか」が強く問われる現代社会にあっては、従来のような学歴や年功序列で尊重される時代から、専門的能力を重視した社会へと、急激に変化しています。

　広く浅い知識だけではなく、しっかりとした専門性、広い視野、広い知識が求められるようになりました。

　これからの時代の管理者は、経験年数や広く浅い知識・技能をもつだけ

ではなく、多様化する消防業務の中で、何でもよいから自分の得意とする分野で、一つの専門性をもち、そのうえで、ゼネラリスト（管理者）として活動することが、必要と考えます。

8-3　リスクセンスを持て

　リーダーは、業務を管理・監督し、部下を指導するには、リスクセンスが必要です。リスクセンスとは、「危険（リスク）を察知する感性」を言います。

　リスクセンスは、社会経済活動に伴うリスク、火災、地震、洪水、放火等の災害に対するリスク、職場、経済活動、家庭生活等の私生活に至るまで、あらゆる分野にリスクセンスが必要です。

　危険管理（リスク・マネジメント）や危機管理（クライシス・マネジメント）に強くなるには、リスクセンスが必要です。

　特に、幹部は、災害に対するリスクセンスが必要です。火災危険地域や対象物に対する潜在的なリスク、洪水やがけ崩れを起こしやすい地域、地震によって被害を起こしやすい断層が、街のどの地域を通っているか、地震が起これば、どのような災害が発生するか等、危機意識をもつことが必要です。

　リスクセンスは、災害だけではなく消防の組織管理にも及びます。

○　深夜まで部下と一緒にはしご酒をすれば、どのようなリスクが生じるか？

○　交通量の激しい信号のないところを横断すれば、どのようなリスクがあるか？

○　パチンコ、マージャン、競馬、競輪にのめり込めば、どのようなリスクが生じるか？

○　女性に対し安易に手を出せば、どんなリスクが生じるか？

○　計画なしに、サラ金からどんどんお金を借りれば、結果として、どのようなリスクが生じるか？

危機意識をもつことがたいへん重要です。リーダーは常に、リスクセンスのもとに判断し行動すべきです。

8-4　危険管理・危機管理に強くなれ

　消防業務の主たる性格は、災害に関する危険管理（リスク・マネジメント）や、危機管理（クライシス・マネジメント）にあると言えます。

　災害について危険管理、危機管理に強くなるには、既に説明したように、災害に対するリスクセンスが必要です。

　リスクセンスとは、どこにどのようなリスク（危険）があるか事前にリスクを察知し、把握し、評価し、リスクの回避（予防）に努めることにあります。万一、災害が起これば、起こった災害の原因を究明し、従来の予防（回避）の方法に改善すべき点があれば、速やかにリスク把握の改善に努めることを言います。

　危険管理、危機管理は、積極的に災害リスクを把握し、評価し、優先順位を決めて、リスクの軽減を図ることにあります。

　紙数の関係で、ここでは詳しい説明は省きますが、危険管理や危機管理の原理原則について、大いに学ぶ必要があります。

　現代の社会は、「リスク管理の時代」と言われるように、消防行政においても、市民生活の安全を守るには、火災、水害、大地震、救急事故等、日常生活に潜在化する災害リスクを的確に把握し、市民に知らしめ、安全を確保に努めることが、消防の重要な使命といえます。

　また組織内部の管理、部下指導、自己管理、家庭等、危険管理や危機管理の考え方を身につけることは、消防行政の施策や創造性のある行政を行ううえで、たいへん重要なことだと考えます。

8-5　経営管理（マネジメント）に強くなれ

　一般に行政は、非能率的でコスト意識が低いと言われます。不良債権処

理の問題、赤字国債の大量発行、特殊法人の民営化、地方分権化の推進、行政事務の能率化等が叫ばれるなかで、ようやく政府、地方公共団体も改革の兆しがみえはじめるようになりました。

消防行政においても例外ではなく、消防の行政サービスの在り方や業務の運営管理に要する経費（コスト）について考え、説得力のある仕事をすることが幹部に求められています。

行政サービスは、市民の上位に立って指導することを意識し過ぎると、民意を汲むことなく行政側のご都合主義でものごとを判断し処理することになります。

消防は保守的で閉鎖社会だという批判を聞くことがあります。消防に限らず役所には、程度の差はあれ、共通的に保守的で閉鎖的な面をもっているので、批判に対し、真摯に受け止める必要があります。市民の声や行政に対するニーズを的確に把握し、積極的に行政に反映させることが必要です。

社会のニーズや変化に対応することなく、常に内部指向型の考えで行政を押し進めれば、大きなリスクが伴います。組織内部の古き慣習にとらわれることなく、時代の変化に対応した行政能率の向上に努めることが求められています。

日常の業務を通じてコスト（経費）意識をもつことは、たいへん重要です。ホース1本の値段、標準ポンプ車1台の価格、署の人件費、庁舎の光熱水費、残業手当費等、一つの消防署の運営管理に必要な年間予算について知ることは、幹部として必要なことです。

ともすると予算や経費のことは、会計担当の人の仕事と考えやすいのですが、そうではなく人、もの、金、情報をしっかりコントロールし、能率的で合理的で無駄のない仕事をすることが有能な幹部としての要件です。

8-6　質の高い情報を持て

情報化社会では、幹部は情報管理や情報処理に強くなければなりません。

　必要な情報を管理し、処理能力のある幹部は、組織にとって貴重な存在です。質の高い情報をもつことで、人より優位な立場にたつことができます。

　消防のテクノロジーに関する情報や災害リスクに関する情報等、正確で質の高い情報をもつことは、より迅速・的確に判断し処理することができます。

　高密度な電子情報化社会へと進展するなかで、パソコンの普及も従来にも増して急速に進んでいます。消防の職域においてもパソコンの普及が進み、行政サービスや事務のOA化が進んでいることは、たいへん好ましいことだと言えます。

　しかし個々の職員がどの程度、パソコンを購入し活用しているかとなると残念ながら十分でないのが現状です。このことは、ある消防学校の幹部研修で調査した結果からも言えることです。

　職場のパソコンだけに依存するだけではなく、個人としてパソコンを購入し、インターネットを通じて消防に関する情報を交換したり、海外の消防事情について情報を得ることは大きな力となります。防災関係機関の情報、私的経済生活に役立つ情報、自己啓発に資する情報等、パソコンの利用範囲は、広範囲に及びます。

　幹部は、パソコンを活用して情報に目ざとく反応し、情報を管理し処理することができるようにすることが、これからの時代には必要・不可欠な要件です。

8-7　計画性をもて、人生のあり方を考えよ

　計画性があるかないかによって、その人の人生は大きく変わってきます。
　職場における目標管理（計画・実施・検討・つぎの計画への反映）の重要性については、すでに述べましたが、ここでは充実した人生を送るための「人生のマスタープランの重要性」について述べることにします。
　日本は、世界の中でも長寿国といわれています。高齢化社会を迎えた今

日、健康であれば、消防を退職してから、20年以上、生活することになります。退職すれば家庭の濡れ落ち葉となり「あとは年金生活で何とか暮らせばよい」では、あまりにも寂し過ぎます。

　退職した後の自分の姿をイメージして、在職中から計画的にマスタープランをたてて努力をすれば、退職後もより一層、充実した人生を送ることができます。

　退職する時期まであと何年かを目標に、退職時期を基準に逆算して職場における残された歳月を数えてはいませんか？

　人生80〜90年といわれる時代にあっては、80〜90歳を目標に、考える必要があります。

　あと数年で退職を迎える人でも、人生80〜90年を目標におけば、あと20〜30数年にわたり生活することになります。退職後は、何をすればよいかと現職の消防職員から聞かれることがあります。

　そのときは、迷わず「好きなことをやりなさい」といいます。消防の延長で仕事があれば、それもよし。消防と全く縁のない分野で仕事をして充実した生活を送ることも、意義あることだと思います。

　私の友人で、消防の仕事のかたわら趣味として、写真を撮っていた人が、退職後、プロとして活躍している人がいます。防災や救急の経験を活かして専門家として大学の講師をしている人もいます。

　人生には、いろいろな生き方があるので、一概には言えませんが、計画をもって努力すれば、結果は大きく違ってくることは、間違いのない事実

です。

　消防を辞めたら何もないでは、退職後の人生もケセラセラになってしまいます。仕事以外のことでも興味と関心をもって目標を設定し、情熱をもって努力すれば、人が注目するような、価値のある仕事をすることができます。

8-8　魅力ある人間性を身につけよ

　私は、これまでに役所や民間企業を通じて、いろいろな方と出会いましたが、多くの方は、誠実で、真面目で、仕事熱心でした。

　もちろん、このことはたいへん重要なことですが、しかし仕事以外の話となると、せいぜい釣りやゴルフ、パチンコ、一杯飲むことぐらいで、趣味をもたない人が多いように思います。

　仕事だけでは、人間としての幅はでてきません。一杯飲む席でも、休憩時間でも、いつも部下に仕事の話しかできないようでは、部下も緊張感から開放されず退屈してしまいます。

　仕事が本当にできる人は、遊びも上手です。趣味や遊びを通じて別の世界（職業）の人々とつきあうことで、話題も広くなり、人間としての魅力や幅が出てくるのです。

　魅力ある人とは、「人の気持ちを引きつける人」を言います。人の気持ちを引きつけるには、その人のもつ人柄、知識、能力、人に対する心配り、趣味、行動力、コモンセンス、ユーモア、決断力、実行力等、その人のもつ全体的な人柄（人の品格、性質）を指すものと思われます。

　魅力ある人間性について、具体的に表現することは難しいと考えますが、例を挙げれば、次のような資質をもった人をいうのではないかと思います。

　　*　責任感がある。
　　*　統率力がある。
　　*　計画性があり、できることはすぐに実行する。
　　*　将来へのビジョンがあり、野心家である。

* 　部下への思いやりがある。
* 　部下の長所、短所を的確に把握し指導力がある。
* 　上下のへだたりを感じさせない。
* 　部下の意見をよく聞き、意見を取り入れる。
* 　判断力がよい。
* 　太っ腹で、細かいことを言わない。
* 　部下をいたわり、自由な雰囲気づくりをする。
* 　部下の不平や不満をなくすために努力する。
* 　職場の規律を自ら守り、他の人にも守らせる。
* 　人間関係を大事にする。親しみがもてる。多くの人間関係をもっている。
* 　趣味をもち人生を楽しむ。
* 　教養があり、モラルが高い。

8-9　野心家であれ

　これからの時代は、従来にも増して、社会全体の組織制度や価値観が大きく変革していくものと思われます。

　このため、広い視野で世間を眺め、社会との歯車をしっかりとかみ合わせることが、幹部として必要です。

　ものごとも小さな視野で見るのではなく、より大きな視点から見る目をもつことが必要です。そして野心家であることが必要です。

　野心家とは、リスクを避け、大過なく仕事をする人をいうのではありません。多少のリスクがあろうとも、失敗してもよいから、思い切って実践し、間違っていたならば、元に戻せばよいといった、大胆な気持ちで、ものごとに挑戦する人のことを言います。

　これまでの日本の社会は、一回でも失敗すれば、「あいつは駄目だ、使えない」といって、レッテルが貼られて、うだつが上がらなくなる社会でした。

　このため人は失敗を恐れて、リスク（危険）を冒さないで仕事をするので、「大過なく」という言葉を使います。ここには危険を冒さない、失敗しないという意味が隠されています。

　しかし、社会や組織が活力ある存在として発展するには、あえてリスクを冒し、失敗を繰り返すことによって新たな発見をし進歩することができるのです。

　「おかげさまで大過なく勤務させていただきました」と言って退職の挨拶をする人がいます。私はこの言葉は、好きではありません。というのは、大過なくは、「大きな過ち」、「目立つような失敗」がないことを意味するからです。

　過ちや失敗をしないためには、危険（リスク）を冒さない、新たな問題にチャレンジしないのですから、改善を試みず創造性をもたないことを意味します。

　今日のように、世の中の価値観や慣習が変革する社会では、変化に対応するための勇気ある決断が必要です。過去の物差しで判断しても問題の解決にはならないからです。

　リスクに立ち向かえば、失敗する危険性が高くなりますが、幹部は、部下に対し、目的が正しければ失敗を恐れず、リスクを冒しても叱咤激励し挑戦させるくらいの度量と寛容が必要です。

8-10　国際的視野を持て

　国際社会のグローバル化が進むなかで、消防も世界の国々との交流をはかり知識・技術を高めることは重要なことです。

　先進国の消防事情を見聞してくると、欧米には参考となるものはない、日本の消防が先進国の中でもっとも進んだ国だという人が多いのに驚かされます。

　日本の消防は、あらゆる点で優れているのでしょうか？私は決して、そのようには思いません。進んでいる点もありますが、大規模な森林火災、

原子力施設の火災、油田火災の消火技術、船舶火災、飛行機火災、消防コストの把握、大地震災害等の危機管理対応、人間の行動科学、安全教育等では、まだまだ欧米諸国から学ぶべき点が少なくないのです。

　幹部は、常に、ものごとを正しく比較し、評価することが必要です。でないと、井の中の蛙になってしまいます。国際社会から取り残されることのないようにするには広く見聞を広めることが重要です。

　今、インドや中国、シンガポール等では、技術力と語学力がかわれて、欧米に多くの人材が進出していると言われています。日本人は、残念ながら語学力が弱いので、ハンディキャップがあると言われています。

　語学力を身に付け、外国の人々と話をしたり、インターネットを通じて外国消防の知識・技術を学び交流しあうことは、これからの国際化社会の時代において、たいへん重要なことだと思います。

演習問題　　～設問と論述のポイント～

§1 リーダーシップとは、リーダーの役割とは

設問1 リーダーとリーダーシップの違いについて述べなさい。

　　［ポイント］

　　○ リーダーは、「指導者、集団等を統率する立場にある人」のことを意味するのに対して、リーダーシップは、「リーダーである立場、地位にある人が、部下を掌握し組織目的に向かって組織集団を統率するに必要な技法、科学的管理、能力、人格等」を言う。

　　○ リーダーと、管理・監督者とは同じではない。詳しくは第1章、1－3「リーダーとマネジャーの違い」表1－1を参照のこと。

　　○ リーダーシップについては、いろいろな定義の仕方があるが、例を挙げれば、次のようなものがある。

　　　＊ 部下からみて、お手本となるような存在をいう。

　　　＊ リーダーとしての地位、任務、資質、能力、統率力、人間としての魅力、人格等のすべてを意味する。

設問2 リーダーシップは、なぜ必要ですか?

　　［ポイント］

　　○ 「勇将のもとに弱卒なし」といわれるように、リーダーシップを発揮すれば、部下の士気も上がり組織集団の力も強力となる。

　　　いかによくできた組織でも、強いリーダーシップが発揮されなければ、組織の力は衰退する。

　　○ 強いリーダーシップを発揮することによって、リーダーは、部下から服従心、信頼性、尊敬の気持ち、忠誠心が得られる。

　　　部下に、この人（リーダー）についていこうという気持ちを抱かせるには、リーダーは、人間の思考、計画、行為等について、指揮できる知識、技術、改革、創造性、科学、人間性、行動力等が必要である。

　　○ 火災、救助、救急等の災害活動で成果を挙げるには、リーダーである上級幹部、大隊長、中隊長、小隊長等の強いリーダーシップ（指揮統率力）が必要である。総務等の内部管理事務、予防事務や市民防災指導等の事務処理を行うには、リーダーは計画的に仕事を部下に配分し、強いリーダーシップを発揮することが必要である。

設問3 リーダーシップが発揮されない職場はどうなりますか?

　　［ポイント］

　　○ リーダーシップが発揮されない職場は、野球でいえば監督のいないチームと同じである。

リーダーである監督がリーダーシップを発揮しなければ、選手は、勝手に判断してプレーをすることになる。このためチームワークに欠け総合力を発揮することができない。

○　職場も同様に、管理・監督者がしっかりとしたリーダーシップを発揮しなければ、職場の規律が乱れ、トップの方針や情報が組織の末端に伝わらず、上下の意思の疎通もなくなる。また計画的に仕事を推進するために、しっかりとした目標管理が行われないので、仕事の能率も上がらない。

職場内で不公平や、仕事の成果に正しい評価が行われないと部下の不平不満は高まる。互いに協調心をもつことがないので、職場士気は著しく低下する。

設問4　士気の高い職場の特徴について述べなさい。

［ポイント］

○　士気の高い職場は、明朗で活力がある。職員一人ひとりに、さあ、やるぞ！といった気構えが満ちている。

○　規律が保持され、ものごとの整理整頓が行われ、職場の隅々にまで管理が行き届く。

○　目標管理が徹底し、一人ひとりの仕事の範囲や責任が明確である。また計画的に仕事を推進する体制ができている。

○　モラル、マナーがよい。

○　何事にも積極的に行動し、互いに協力しあい、意思の疎通、人間関係がよい。

○　指導体制がしっかりしており、職場教育がきめ細かく行われる。

○　リスクに対する指導、安全管理が徹底するので不祥事や事故が起こりにくい。

設問5　士気の低い職場の特徴について述べなさい。

［ポイント］

○　職員は仕事に対するやる気に欠け、職場全体に活気がない。

○　職場内の整理整頓が行われないので乱雑で、管理が行き届かない。

○　職場内の規律が乱れ、職員一人ひとりに緊張感がない。

○　仕事が目標管理のもとに計画的に処理されない。職員一人ひとりに責任ある仕事が任されないので、無責任となり仕事の成果が上がらない。

○　リーダーは、部下との良好な人間関係がないので、互いに協力心がない。このため仕事の成果が上がらない。

○　部下は、仕事に対する具体的な目的が与えられないので、責任もなく不満がうっ積する。

設問6　部下の不満は、どのようなところから起こりますか？

〔ポイント〕

次に示すリーダーシップの欠如から部下の不満が生じる。

○　優柔不断で決断力がない。

○　上司へのゴマすりに専念し、部下を顧みない。

○　規律が乱れても見て見ぬ振りをする。

○　言動の不一致

○　家庭内のトラブルを職場に持ち込む。

○　自ら仕事を丸抱えにして、部下に仕事を配分しない。

○　自ら責任をもたない。業績を独り占めにする。

○　自分本位に判断し行動する。

○　自己啓発を怠り、マンネリ化が進むようになる。

○　統率力がない。

○　協調性がない。

○　部下を大切にしない。

○　問題解決能力がない。

○　調整能力に欠ける。

○　部下の業績を正しく評価しない。

設問7　意思の疎通は、何故、必要ですか？

〔ポイント〕

○　意思の疎通とは、お互いの心が触れ合うコミュニケーションを意味する。職場、家庭をはじめ多くの人々と円滑な人間関係を維持するには、お互いに胸襟を開いて心から理解し合うことが必要である。

　　部下に知らしめるべき情報を独り占めにすれば、部下の理解は得られず不信感をかうことになる。

○　士気の高い職場は、上司、同僚、部下との間に必要な情報が積極的に流れるので、円滑な人間関係が維持できる。

○　コミュニケーション（意思の疎通）は、一方だけの意思表示だけでは成立しない。お互いに何を考え、何を求めているか、自らの考えや問題解決のためにはどうすればよいか、言葉を通じて相手に伝えることで相互の意思の疎通が図られる。

　　コミュニケーションは、知覚であり、期待であり、要求である、といわれている。階級制度を取り入れている消防の組織では、特に、階級相互の意思の疎通を図ることがリーダーの果たすべき役割と言える。

設問8　リーダーの役割について述べなさい。

[ポイント]

リーダーとしての役割には、次の要件が必要である。

○　自らの能力について正しく評価し、改善すべき点があれば自己啓発に努め、能力を高める。

○　仕事を計画的に進めるために、目標管理を実践する。

○　自らの言動に、すべての責任をもつ。

○　部下からみて、お手本となるような行為、行動、判断、決断、実行力、統率力をもつ。

○　部下のよき理解者となり職場の福利厚生に努める。

○　情報を独り占めすることなく、必要な情報を積極的に部下に知らしめ意思の疎通を図る。

○　部下に責任観念をもつように指導する。

○　協調的精神の助長に努める。

○　能力に応じて仕事を部下に配分し責任をもたせる。

○　上司に対し、より良きフォロワーになる。

○　部下を公平に扱い、成果を正しく評価する。

§2　消防業務の特質とリーダーの資質

設問1　リーダーとして、なぜ自らの能力を評価する必要があるのでしょうか？

[ポイント]

○　「汝自身を知れ」というギリシアの賢人の言葉があるが、自分のことについてよく知ることは、リーダーとして極めて重要なことである。

　　自分のことを忘れるな！　分際（社会における身分・地位）をわきまえよ！　思慮深くあれ！という意味で、自分の能力を知らずしてリーダーシップを発揮してみても効果は期待できない。

○　リーダーとして改革する強い意思、リスクへの挑戦、道徳的観念、マナー、率先垂範、行動力、ものごとを計画的に推進する能力、部下指導、職務上の専門的な知識、技能、人格等、自ら客観的にクールに評価することが何よりも重要である。

　　部下を指導する場合に、自らの欠点を顧みず一方的に指導しても、「そういう自分は、どうなのか？」と部下から、ひんしゅくをかうことになりかねない。このため自ら客観的に省みる必要がある。

○　自分に甘く人に厳しいようでは、部下の信頼は得られない。リーダーは、自ら厳しく人には寛大でなければならない。リーダーは、常に自らを客観視し、正しく評

価し、至らぬ点を改善する努力が必要である。

設問2　あなたのリーダーシップについて、優れている点、改善すべき点について述べなさい。
　　　［ポイント］
　　　　　「第5章　表5－1　指導力（リーダーシップ）の自己評価」に基づいて、あなた自身の資質について、優れている点、改善すべき点について評価する。

設問3　指導力を高めるにはどうすればよいか知るところを述べなさい。
　　　［ポイント］
　　　○　士気の高い職場か、士気の低い職場かについて判断する。
　　　　　士気の高い職場であれば、民主型のリーダーシップを発揮する。（ただし、災害活動、訓練、緊急を要する事務処理には、独裁型のリーダーシップを発揮するようにする。）
　　　　　何事もリーダーに依存し、ものごとが徹底しない士気の低い職場では、独裁型のリーダーシップを発揮する。
　　　○　部下の欲求を正しく把握する。
　　　○　目標管理を徹底する。
　　　○　計画を策定する際には、部下を積極的に参画させ意識づけと責任性をもたせる。
　　　○　計画を変更する際には、事前にその理由を説明し、理解を求める。
　　　○　部下の仕事の成果について正しく評価し、本人に伝えるようにする。
　　　○　コミュニケーションの重要性を認識し実践する。
　　　○　部下に対し、まず褒めてから指導する。
　　　○　完璧主義に徹しない。
　　　○　部下に達成感をもたせるようにする。

設問4　目標管理について述べなさい。
　　　［ポイント］
　　　　　仕事の目標を計画化し、実施し、実施した結果について検討し、検討の結果、改善すべき点があれば、次の計画に反映させることを繰り返し行う（循環方式）ことを目標管理という。このことを別名、「プラン（plan＝計画）、ドゥー（do＝実施）、シー（see＝検討）の原則」とも言う。
　　　　　トップが方針を示したならば、それぞれの管理・監督者は、担当する業務について、方針に基づいて具体的な目標を定め、計画化し、実施・推進を図り、目標管理を行う必要がある。
　　　　　いかなる業務でも、無計画に仕事を行うようでは、ものごとの改善は進まず能率的な仕事を行うことはできない。

　　自ら仕事を担当し、部下に仕事を分担させ、能率的に業務を処理するには、目標管理は極めて重要である。

設問5　コミュニケーションについて述べなさい。
〔ポイント〕
○　円滑な人間関係を維持し、仕事の成果を高めるには、コミュニケーションが重要である。コミュニケーションは、自らの考えや問題に対する答えを言葉を通じて伝えることによって成立する。

○　コミュニケーションは、一方的には成立しない。相互の知覚、期待、要求が一致することが要件とされる。

　　「知覚とは、相手は何を見ているか」、「期待とは、相手が見たい、聞きたい、知りたい、行動したいと思っていることは何か」、「要求とは、コミュニケーションを行おうとする人が、相手に見て欲しい、行動して欲しい、聞いて欲しいことを相手に求めること」を意味する。

○　リーダーは、常に、部下との関係、同僚との関係、上司との円滑な人間関係を維持するうえで、必要な情報の提供等を通じて、コミュニケーションを図ることが重要である。

設問6　独裁型、民主型、放任型リーダーシップの特質について述べなさい。
〔ポイント〕
○　独裁型リーダーシップ

　　部下に判断を求めず、自ら判断し、決定するようなリーダーシップの発揮の仕方を言う。部下はリーダーに対し従順に従うが、責任はすべてリーダーが負うことになる。

　　部下に自主性がなく、何事もリーダーの指示に依存しがちな士気の低い職場では、独裁型のリーダーシップが効果を発揮する。

○　民主型リーダーシップ

　　部下の参画を求め、部下の意見をよく聞き、グループによる討論を行わせ、その結果についてリーダーが判断し、決定し業務を推進するようなリーダーシップの発揮の仕方を言う。

　　民主型リーダーシップは、部下の意見を尊重するため、部下の態度は協力的である。リーダーが、方針や目標を示せば、細かい点を指示しなくても、部下は仕事を分担し、責任を互いに分担し、共通の目的に向かって仕事を推進するので、大きな成果を上げることができる。

　　民主型リーダーシップは、部下の意見を尊重するが、多数意見でものごとを決めるのではなく、最終の意思決定は、リーダーの判断で決断する。

　　　士気旺盛な職場（部下）では、民主型リーダーシップを発揮する方が効果的である。しかし緊急を要する場合には、リーダーは独裁型リーダーシップを発揮して、ものごとの処理にあたるようにする。
○　放任型リーダーシップ
　　　放任型のリーダーシップは、組織・集団の力を必要とする職場よりは、個々職員の専門性、創造性等、能力に応じて力を発揮させることのできる職場に適する。例えば、パソコンソフトの開発、研究業務、翻訳業務、イラストレーター等。
　　　放任型リーダーシップを取り入れる職場では、部下の態度は自発的で、大半の責任は個々の部下が自らもつ意識が強いと言われている。

設問7　消防業務の特質からみたリーダーシップの発揮の仕方について述べなさい。
　　［ポイント］
○　消防の業務は、一般の行政事務にはみられない多くの特質がある。「火災、救助、救急等の災害活動・訓練」と「平常時の事務処理」では、リーダーシップの発揮の仕方も異なる。
　　　災害活動、訓練、緊急を要する事務処理では、独裁的なリーダーシップを発揮する方がより効果的である。これに対し、庶務、経理、警防、予防、救急等の平常時の事務処理では、民主型リーダーシップが効果的である。民主型リーダーシップは、部下に仕事を任せ、検討させ、意見を述べさせ、仕事に反映させるので、部下の職務意欲を高め、仕事の成果を向上させることができる。
　　　放任型のリーダーシップは、例えば、職務の性格が翻訳の仕事、パソコンによる事務処理、研究部門の仕事等、個々の専門的知識に依存するような業務に適している。消防業務は組織集団を通じて力を発揮することが多いので、一般的に放任型リーダーシップは適していない。独裁型のリーダーシップか民主型のリーダーシップのいずれかを状況に応じて、適切に使い分けることが効果的である。

§3　リーダーシップを高めるには

設問1　問題意識について述べなさい。
　　［ポイント］
○　問題意識の「問題」の意味は、解決すべき事柄、研究や議論、面倒な事例等を言う。これに対し「意識」とは、見解、関心、物事がはっきりとわかる心の状態を言う。したがって、問題意識は、「研究し議論し、解決しなければならない事柄について、関心をもって自らの考えをもつこと」を意味する。
○　物事を素直に見ることは必要なことである。しかし何事も疑問をもたずに、指示

されるがままに受け入れ、行動するようでは問題意識は芽生えない。

　　災害活動・訓練、事務処理、部下指導を行ううえで、少しでも充実した仕事をして、現状を改善しようと心掛けるならば、問題意識なしに成就することは難しい。

○　問題意識をもつには、物事に対する強い好奇心と弥次馬根性が必要である。優劣を比較し、問題の所在を把握し、どうすれば現状の問題を少しでも改善し、組織の発展に結びつけることができるか考えることが必要である。

　　難しく考える必要はない。身辺を見渡せば、日々の仕事の中に、必ずといってよいほど「検討に値する多くの問題」が存在している。

○　有能なリーダーであるかどうかの判断は、問題意識があるかないかによって判断される。問題意識の重要性を認識することが必要である。

設問2　創造性をもつことの重要性について述べなさい。

［ポイント］

○　創造性のない職場は発展しない。創造性とは、自ら新しいことを考え、創りだすことを言う。

　　技術革新が進み、行政もまた経営的な管理が強く求められる現状にあっては、前例踏襲主義や経験主義だけでものごとを処理すれば、行政は形骸化し世の中から孤立化することになる。

　　よき前例やよき伝統は、継承されなければならないが、それだけでは組織の進歩発展は期待できない。社会の変革や消防行政に対するニーズに対し、行政の新たな組織の在り方や施策を試みるには、創造性がなくてはならない。

○　リーダーは、組織体制、災害活動、訓練、予防行政、消防教育、装備等のあり方について考えると共に、市民から期待され、信頼される行政の在り方や市民生活の安全に資する体制を確保するには、国内・外の消防の技術や管理手法の在り方に深く関心をもたなくてはいけない。

　　このため広く情報を収集し、組織体制の在り方、車両・機器の性能を比較し検討を加え、応用し、新たなものを創りだす等、リーダーとして創造性のある仕事をするように努める。

設問3　自己啓発は、なぜ必要かについて述べなさい。

［ポイント］

○　部下を指導する立場にあるリーダーは、職務上の知識や問題解決能力をもつことが必要である。また人格・識見を高め、部下からみて模範となるような行為、行動が求められる。

　　特に、最近の社会的傾向として、「あなたは何ができるか？」が強く求められるようになった。年功序列制度の上に安住するようでは、周囲や部下から取り残され

ることになる。

○　単なる歳月の積み重ねで職場生活を送るのではなく、進んで自らの専門性をもつ
努力が必要である。自己啓発の必要性が分かっていても、いざ実践するとなると
「言うは易く、行うは難し」で、なかなか継続して実践することは難しい。

しかし、忙しいことを理由に自己啓発を怠れば、自らの進歩発展は望めない。一
日、24時間を適正に配分して、自己啓発のための時間を創りだす努力が必要である。

設問4　上司のフォロワー（補佐）としての在り方について述べなさい。

　［ポイント］

○　昔から「よきリーダーは、よきフォロワーでなければならない」と言う。上司を
補佐する立場にあるリーダーは、上司との関係において気配り、心配りが重要であ
る。

○　上司に対する補佐とは、上司の気に入るような計画（マージャン、ゴルフ、宴会
等の設営）を設営することではない。

よきフォロワー（補佐役）とは、上司が仕事を円滑に進めることができるように、
迅速、確実に上司の必要とする仕事の段取りを補佐することを言う。

文書の整理、電話の取り次ぎ、来客の応対等、状況を判断して処理（権限が委譲
されているもの）し、自ら判断できない問題については、その旨、相手に伝えると
ともに、上司に報告する等、上司の立場にたって、円滑に仕事が推進できるように
補佐することを言う。

起案にしても複数の起案文、資料は簡潔明瞭にして、裏付けとなるデータを添付
するようにする。

設問5　リーダーシップを高める方法について述べなさい。

　［ポイント］

リーダーシップを高めるには、次のような手法が考えられる。

○　何事もすぐに行動に移す習慣を身に付ける。

理屈や理論を学び、率先垂範して行動するように努力する。

○　迅速な意思決定

ものごとを判断する際には、優柔不断にならないように迅速な意思決定と実践力
を身につける。

○　仕事の優先度を考えて処理する。

重要な仕事、重要でない仕事を選別し、優先度の高い仕事から重点的に推進する。
仕事は、努めて今日できる仕事は今日中に処理し、翌日に申し送らないように努め
る。

○　問題意識・問題解決力をもつように努める。

　　仕事を通じて、何が問題か、改善すべきことは何かについて考え研究し、改善策
　　に結びつける。
　○　建設的な意見、創造性、改革、開発する力をもつ。
　　　組織に対する単なる批判ではなく、建設的な意見、仕事の改革、改善、創造性の
　　ある仕事をする。
　○　自己啓発に努める。
　　　自己啓発を通じて能力開発に努める。倫理観、人間としての教養、誠実さを身に
　　付ける。
　○　上司に対し良きフォロワーとなる。
　○　目標管理の徹底に努める。
　○　調整能力をもつ。
　○　協調性をもち、よき人間関係に努める。

§4　これからの消防のリーダー像

設問1　これからの時代のリーダーとしての在り方について述べなさい。
　［ポイント］
　これからの時代には、リーダーとして、次のような能力をもつことが必要である。
　○　倫理観、誠実さをもち、部下のお手本となる。
　○　何事も他人の意見に依存せず、自ら主体性のある考え方をもつ。
　○　仕事を通じて専門性をもつ。
　○　災害リスクに対し目ざとく反応し、災害から市民の安全を守るために強い情熱を
　　もつ。
　○　災害活動、訓練、予防業務、部下指導、家庭生活等に対し、リスクセンスを養う。
　○　災害の危険管理（リスク・マネジメント）の考え方を身につける。
　○　公務能率、コスト意識等、経営感覚を養う。
　○　情報管理、情報処理に強くなる。
　○　視野を広め、魅力ある人間性を身につける。
　○　国際的な感覚を身につける。

設問2　国際化の進展に伴い、消防のリーダーとしての在り方を述べなさい。
　［ポイント］
　○　国際社会のグローバル化が急激に進んでいる。ニューヨーク市で起こったテロ事
　　件、炭疽菌等を使った生物テロ事件等は、日本の社会や消防にとっても大きな衝撃
　　を与えた。

○　高層ビル火災、原子力施設火災、大地震、テロ事件等、海外で起こった災害に対する諸対策や、ISO（国際標準化機構）による防災設備機器等の統一化を図る国際基準等、国際社会の動向について関心をもつようにする。

○　国際社会のグローバル化が進むなかで、従来にも増して海外との交流が進むことが予想される。

消防のリーダーは、地域社会や国内の出来事だけに目をむけるだけではなく、広く海外の事件や消防に関する情報に関心をもち、消防のあるべき姿、政策を考える必要がある。

設問3　魅力ある人間とは、どういう人をいうのか、あなたの考えを述べなさい。

［ポイント］

○　ものごとに対する先見性や豊富な知識や情報をもつ。能力的に優れていても、人間としての魅力に欠ける幹部は、部下がついてこない。

○　魅力のない幹部に対し、部下は表面的には指示・命令に従っても、心からの忠誠心をもつことはなく面従腹背となる。

○　魅力のある幹部は、部下の気持ちを引きつける人柄がある。倫理観やマナーがあり、部下の気持ちを考え勝手きままな自分本位の行動を慎む。部下は、幹部の高潔な人格・識見に信頼をよせるのである。

○　魅力ある幹部は、仕事はもちろんのこと、部下に対し暖かい心で接し、面倒をよくみる。仕事ばかりではなく趣味をもち、マンネリ化することなく日々、自己啓発に努め、お手本となる頼りがいのある人柄等を指すものと思われる。

設問4　リスクセンスについて述べなさい。

［ポイント］

○　リスクセンスとは、事故発生の可能性についての感性を言う。

リスクセンスの有る無しによって、ものごとの対処の仕方も異なってくる。

例えば、てんぷらを揚げている最中に電話が鳴った場合に、いったんガスの火を止めてから電話に出るのと、火をつけたままで電話に出る場合が考えられる。

前者はリスクセンスがある場合で、後者は、リスクセンスが無い場合である。ガスの火を付けたままで電話に出て、応対が長くなる。てんぷら鍋のことを忘れ、油が過熱し火災事故になるケースがある。

リスクセンスがあれば、台所を離れる際には、火災リスクを感じ火を消すので、リスクの発生は生じない。したがってリスク（事故発生の可能性）に対するリスクセンス（感性）が重要である。

○　現代の社会は、火災、水害、地震等の災害をはじめ、金融、医療、交通、組織管理、職場管理（部下指導）、家庭、個人生活等、あらゆるところに、多くのリスク

が存在する。このためリーダーは、リスクセンスを身につけて、危険管理（リスク・マネジメント）を行い、部下指導にリスクセンスの重要性を知らしめることが必要である。

設問5　災害の危険管理（リスク・マネジメント）の重要性について述べなさい。
　　　［ポイント］
　　○　消防の業務は、災害に対するリスク・マネジメントであり、危機管理の仕事である。

　　　　災害に対する危険管理（リスク・マネジメント）とは、国家社会・市民生活・企業活動の安全を脅かす災害から、いかにして安全を確保するか、リスクに対する総合的な把握やコントロールの仕方、より安いコストでより高い安全を確保する管理手法を言う。

　　○　管理手法は、二つの手法に区分することができる。一つは、災害の発生に即応し、被害の軽減を図るための管理手法（消防の組織、職員、機動力、施設、装備等を活用して、指揮、統制のもとに一連の計画的な災害活動をする）であり、もう一つは、災害の発生を未然に予防し被害の軽減を図るための手法である。

　　○　消防が行政を行う上で重要なことは、リスク・マネジメントや危機管理について基本的な考え方や手法について理解を深めることである。

　　　　警防業務や予防業務等を通じて、災害リスクを科学的に把握し、評価し、統制（リスク・コントロール）するための一連の科学的な管理手法を導入することによって、市民、企業に対し説得力のある行政を行うことができる。

　　○　阪神大震災や茨城県東海村の臨界事故等では、危機管理に対する行政の対応のまずさが世間の批判を受けた。危機管理とは何か、リスク・マネジメントとは何かについて理解を深め、消防行政の経営的管理や企業の経営管理の指導に努めることは、これからの社会において極めて重要である。

（例）
　・消防力の配備は、都市構造（建物構造、道路状況等）によって火災リスクが異なる。このため火災危険度（リスク）を調査（市街地建物の調査、火災延焼危険度調査等）し、評価し、リスクの程度に応じて消防力を配備することは、危機管理の一つといえる。
　・法令に基づく立入検査で、建物の防火設備、構造、管理体制等について検査するのは、火災リスクの把握を意味する。
　　　火災リスクをチェックした結果について、総合的にリスクを評価し、結果を関係者に通知し、火災リスクの改善（リスクの回避、損失の予防、損失の軽減、リスクの分散）を行わせることは、リスク・マネジメントで言うリスク・コントロール

（統制・制御）を意味する。

・大地震は、偶発的に起こる自然災害であるが、人為的な災害とは異なり、地震そのものを予防し回避することは不可能である。しかし、建物等の耐震性の強化、出火の防止、不燃化、設備機器の耐震化を図ることは重要なことである。消火、救助・救護体制の強化、自衛組織、防災教育等、過去の地震災害の教訓を生かし危機管理を行うことは、地震による被害を少なくするうえで必要なことである。

参考文献

- 『リーダーシップ』河出書房新社
- 『リーダーシップの技術』ユーリス　ダイヤモンド社
- 『最強の指導力』L. R. ドニーソン、斉藤精一郎訳　三笠書房
- 『リーダーシップの心理学』国分康孝　講談社現代新書
- 『リーダーシップの開発と実践』小林末男　東洋経済新報社
- 『人を動かす』D・カーネギー　創元社
- 『リーダーシップ（アメリカ海軍士官候補生読本）』アメリカ海軍協会
  日本生産性本部
- 『俺の考え』本田宗一郎　新潮文庫
- 『リーダーシップ』松井賚夫　ダイヤモンド社
- 『リーダーシップ』現場の自己啓発シリーズ編集委員会編　日科技連
- 『セクシュアル ハラスメント』福島瑞穂他　ゆうひかく選書
- 『指導マニュアル』（公務員研修教材）　人事院・各省庁研修担当官会議
- 『公務員の服務と倫理』（公務員研修教材）　同上
- 『職場における応接とマナー』（公務員研修教材）　同上
- 『リーダーシップ入門』金井壽宏　日経文庫
- 『小倉昌男経営学』小倉昌男　日経BP社
- 『上司の哲学』江口克彦　PHP研究所
- 『指導者の条件』松下幸之助　PHP文庫
- 『危機管理とリーダーシップ』亀井利明　同文館出版
- 『リーダーシップ・・経営力の本質（ハーバード・ビジネス・レビュ）』
  ダイヤモンド社
- 『HOW TO BE A LEADER』Auren. Uris. Yohan
- 『LEADERSHIP』Hughes/Ginnett/Curphy　McGraw-Hill International

著者略歴

高 見 尚 武（たかみ　しょうぶ）

現　　　在
災害リスク研究所（代表）。企業危機管理士。
「ソーシャル・リスクマネジメント学会会員」、「子ども安全学会会員」。
災害リスクに関する執筆、ネットによる災害リスク情報の交信・安全
の普及に努めている。

略　　　歴
中央大学法学部卒業。
東京消防庁に勤務。荏原消防署長、総務省消防庁・消防大学校副校長、
東消・予防部長等を経て退職。
セゾングループ顧問、消防大学校・消防学校・企業セミナー、彩の国
いきいき大学等の講師。東日本大震災後は、「市民のリスクと安全を守る
会」を結成、市民、中小企業を対象にボランティア活動を行った。

主な著書
『若き消防官に贈ることば』　　　　　　　　近代消防社
『消防行政管理　職場のリスクマネジメント』　近代消防社
『消防小論文の書き方と対策』　　　　　　　東京法令出版
『幹部の能力開発・自己啓発』　　　　　　　近代消防社
その他、多数。

消防のリーダーシップ・部下指導

平成14年 8 月10日　初　版　発　行
平成20年10月25日　 2 訂版　発　行
令和 5 年 5 月20日　 2 訂版13刷発行

著　者　高　見　尚　武

発行者　星　沢　卓　也

発行所　東京法令出版株式会社

112-0002	東京都文京区小石川 5 丁目17番 3 号	03(5803)3304
534-0024	大阪市都島区東野田町 1 丁目17番12号	06(6355)5226
062-0902	札幌市豊平区豊平 2 条 5 丁目 1 番27号	011(822)8811
980-0012	仙台市青葉区錦町 1 丁目 1 番10号	022(216)5871
460-0003	名古屋市中区錦 1 丁目 6 番34号	052(218)5552
730-0005	広島市中区西白島町11番 9 号	082(212)0888
810-0011	福岡市中央区高砂 2 丁目13番22号	092(533)1588
380-8688	長野市南千歳町 1 0 0 5 番地	

〔営業〕TEL 026(224)5411　FAX 026(224)5419
〔編集〕TEL 026(224)5412　FAX 026(224)5439
https://www.tokyo-horei.co.jp

ISBN978-4-8090-2523-5